高等职业教育财务会计类专业新形态一体化教材

# 财务大数据分析

王 晓 ◎ 主 编

童莉莉 张 璐 任子宜 ◎ 副主编

清华大学出版社

北 京

## 内 容 简 介

本书按照财务分析师岗位的工作流程，围绕其职业能力培养进行内容设计，包含大数据基础理论、大数据分析技术、企业财务分析方法、财务能力评价指标等知识与技能。本书共设计 8 个项目，涵盖财务大数据认知、数据采集、数据预处理、数据可视化、大数据背景下的财报分析、资金数据管理、企业销售数据分析与预测、企业费用数据分析与洞察等内容，并配套一系列电子资源辅助学习。

本书结构清晰、思路独特，有很强的实用性，既可以作为职业本科大数据与财务管理、大数据与会计等专业教材，又可以作为高职高专、成人高校财经类专业的教材和社会从业人员的业务学习用书。

本书封面贴有清华大学出版社防伪标签，无标签者不得销售。
版权所有，侵权必究。举报：010-62782989，beiqinquan@tup.tsinghua.edu.cn。

**图书在版编目（CIP）数据**

财务大数据分析/王晓主编．—北京：清华大学出版社，2024.3
高等职业教育财务会计类专业新形态一体化教材
ISBN 978-7-302-65489-6

Ⅰ．①财… Ⅱ．①王… Ⅲ．①财务管理－数据处理－高等职业教育－教材 Ⅳ．①F275

中国国家版本馆 CIP 数据核字（2024）第 043289 号

责任编辑：刘士平
封面设计：张鑫洋
责任校对：袁 芳
责任印制：杨 艳

出版发行：清华大学出版社
网　　址：https://www.tup.com.cn，https://www.wqxuetang.com
地　　址：北京清华大学学研大厦 A 座　　　　邮　编：100084
社 总 机：010-83470000　　　　邮　购：010-62786544
投稿与读者服务：010-62776969，c-service@tup.tsinghua.edu.cn
质量反馈：010-62772015，zhiliang@tup.tsinghua.edu.cn
课件下载：https://www.tup.com.cn，010-83470410

印 装 者：三河市龙大印装有限公司
经　　销：全国新华书店
开　　本：185mm×260mm　　　印　张：13　　　字　数：315 千字
版　　次：2024 年 4 月第 1 版　　　　印　次：2024 年 4 月第 1 次印刷
定　　价：69.00 元

产品编号：103488-01

# 前言

随着互联网、物联网、云计算等科学技术的迅猛发展，全球数据信息爆炸式增长，大数据正飞速改变着企业的运作和管理模式，一线企业都在增强数据化管理，数据分析正发挥着不可替代的作用。在此背景下，财务大数据分析符合创新型人才需求量迅猛增长的新局面，大数据与财务管理等专业应主动适应社会需求，推动高水平专业建设，培养符合时代需求和现代信息技术发展的新型复合型财会技能人才，在此背景下，《财务大数据分析》一书应运而生。

本书着眼于大数据技术在财务中的应用场景和实践操作，介绍如何利用大数据分析工具对财务大数据进行清洗和整理、交互可视化展示、多维度对比分析，进而辅助企业管理和决策。本书按照项目任务式编排教学内容，全书理实一体，突出德技并修，践行课程思政。对每个项目任务，建议学生先了解"知识目标、技能目标、素养目标"，再鸟瞰"思维导图"，然后通过理论学习，继而"实战演练"，最终达成三大目标，形成完整的学习闭环。

本书落实立德树人根本任务，将职业精神和工匠精神培养贯穿学习全过程，强化课程思政，职业特色鲜明。在内容上，顺应"双循环"新发展格局，对接"数字经济"等国家战略，跟随人工智能、大数据、云计算等现代信息技术快速发展带来的财务工作转型需要，具有较强的针对性、适用性和创新性。

（1）开发了基于财务场景的实训项目，便于开展项目任务式教学，提高学生财务管理学科与大数据学科知识整合能力。项目任务式学习方法有助于学生在完成项目任务的过程中整合所学知识，熟练运用计算机技能与理论知识解决实际问题，从而实现大数据+财务管理等不同学科知识的交叉融合。同时，本书选取大数据与财务管理领域的热点问题作为具体项目，推动学生在完成项目任务的过程中加深对财务理论知识的理解，同时熟练掌握大数据操作技能。

（2）强化课程思政，践行立德树人。本书系统地构建了思政元素框架体系，将思政元素与课程每个项目相互结合，将"润物细无声"的课程思政内容内化于教学全过程。

（3）配套数字资源，师生使用便捷。为了利教便学，部分学习资源以二维码形式提供在相关内容旁，可扫描二维码获取。此外，本书配有教学课件、课程标准等教学资源，供教师教学使用。

本书由张璐编写项目 1 和项目 6，王晓编写项目 2 和项目 3，新道科技股份有限公司任子宜编写项目 4 和项目 5，童莉莉编写项目 7 和项目 8。

编者对每个项目、每个任务都反复推敲，数易其稿，力求真正体现财务大数据分析与应用产业一线实际。在编写过程中编者虽然做了不少努力，但由于人工智能、大数据技术的飞速发展，加上编者的能力水平有限，本书难免有不足之处，编者诚挚地希望广大读者朋友给予批评、指正。

在本书编写过程中，特别感谢合作企业新道科技股份有限公司的大力支持，并向清华大学出版社的编辑致以真诚的感谢！本书参考了诸多学者的研究成果，由于篇幅有限，不再一一列出，在此一并感谢！

编 者

2023 年 11 月

## 项目 1　财务大数据认知　/ 1

　　任务 1.1　认知大数据　/ 2
　　任务 1.2　认知财务大数据　/ 6

## 项目 2　数据采集　/ 14

　　任务 2.1　数据采集原理与工具认知　/ 15
　　任务 2.2　知晓上市公司财报数据来源　/ 18
　　任务 2.3　实战演练——数据采集　/ 19

## 项目 3　数据预处理　/ 24

　　任务 3.1　数据清洗　/ 24
　　任务 3.2　实战演练——数据清洗　/ 29
　　任务 3.3　数据集成　/ 38
　　任务 3.4　实战演练——数据集成　/ 42

## 项目 4　数据可视化　/ 50

　　任务 4.1　认知大数据可视化的概念及工具　/ 51
　　任务 4.2　熟悉大数据可视化的工作流程　/ 52
　　任务 4.3　实战演练——可视化分析　/ 53

## 项目 5　大数据背景下的财报分析　/ 75

　　任务 5.1　投资者视角财报分析　/ 76

　　任务 5.2　实战演练——投资者角度分析　/ 83

　　任务 5.3　经营者角度财报分析　/ 105

　　任务 5.4　实战演练——经营者角度分析　/ 109

　　任务 5.5　撰写企业经营分析报告　/ 130

　　任务 5.6　实战演练——企业经营分析报告撰写　/ 130

## 项目 6　资金数据管理　/ 132

　　任务 6.1　认知资金数据管理　/ 133

　　任务 6.2　企业资金分析　/ 135

　　任务 6.3　实战演练——资金状况分析　/ 142

## 项目 7　企业销售数据分析与预测　/ 164

　　任务 7.1　认知企业销售收入数据　/ 165

　　任务 7.2　认知企业销售价格数据　/ 173

　　任务 7.3　实战演练——企业销售分析与预测　/ 175

## 项目 8　企业费用数据分析与洞察　/ 185

　　任务 8.1　认知企业费用数据　/ 185

　　任务 8.2　分析与洞察企业费用数据　/ 187

　　任务 8.3　实战演练——企业费用分析与洞察　/ 192

## 参考文献　/ 202

# 项目 1 财务大数据认知

▪ **知识目标**

（1）了解大数据的定义及特征。
（2）了解财务大数据的定义及特征。
（3）了解财务大数据的典型应用场景。

▪ **技能目标**

（1）能够识别结构化数据、非结构化数据和半结构化数据。
（2）能够阐释财务大数据的典型应用场景。

▪ **素养目标**

（1）培养学生具备基本的数据素养，为企业数字化运营提供数据阅读、操作、分析和讨论的基本素质支撑。
（2）拓宽学生视野、更新知识储备，培育学生树立直面财务大数据、用好财务大数据的目标和信心。

## 思维导图

## 导读

随着云时代的来临，大数据（big data）吸引了越来越多的关注。大数据时代下，数据信息生成的量和速度十分惊人。所谓数据（data），是事实或观察的结果，是对客观事物的逻辑归纳，是用于表示客观事物的未经加工的原始素材。在计算机系统中，各种符号、文字、数字、语音、图像、视频等都统称为数据，而数据经过一定的加工就形成了我们平时所说的信息。数据和信息是不可分离的，数据是信息的表达，信息是数据的内涵。例如，

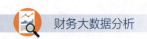

我们在研究天气情况时,风速、湿度、温度、云层移动轨迹等都属于数据,我们对其进行分析后,就能获得相关区域天气的信息,也能较为精准地预测未来一段时间内的天气情况,这就是大数据时代最初的展现。所以,人们是通过数据来得到信息,从而认识世界的。

## 任务 1.1　认知大数据

高速发展的时代,科技发达、信息畅通,大数据就是这个高科技时代的产物。同时大数据也开启了一次重大的社会转型,它正在改变人们的生活、工作及理解世界的方式,它已经渗透到各行各业的业务领域中,逐渐成为重要的生产要素和数据资产。我们要学好大数据、用好大数据,增强利用大数据推进各项工作的本领,使大数据发挥更大的作用。

### 任务 1.1.1　认知大数据的定义及特征

#### 1. 大数据的定义

对于大数据,目前还没有一个权威的定义。不同的机构给出了不同的定义。

麦肯锡基于数据特征的视角将大数据定义为:大数据是指无法在一定时间内用传统数据库软件工具对其内容进行采集、存储、管理和分析的数据集合。该数据集合巨大到无法通过目前主流软件工具,在合理时间内达到获取、管理、处理并整理成有助于企业经营决策的信息。

专业研究机构 Gartner 从描述数据的系统过程角度将大数据定义为:大数据是指那些需要采用新的处理方法才能通过数据体现出更强的决策力、洞察力和流程优化能力的海量、高增长率和多样化的信息资产。

尽管"大数据"概念并没有明确的定义,但从上述主流的定义中不难发现以下几点。第一,大数据中的"大"不仅仅是指数据量的积累,它的真正意义在于实现由量的积累到质的变化。第二,大数据中的数据不是传统意义上的数据,这些数据的集合具有很高的利用价值。第三,要基于这些大数据产生价值和效能,就必然要求这些数据之间存在意义和结构上的关联。第四,大数据不是"死"数据,而是"活"数据;不是"假"数据,而是"真"数据,是必须予以应用并产生实际效用的数据。

#### 2. 大数据的特征

尽管对大数据的概念界定没有统一标准,但学术界对大数据的五个基本特征具有较为统一的认识,大数据区别于普通数据的这五个特征为数据量巨大(volume)、数据种类多样(variety)、实时处理(velocity)、低密度高价值(value)、真实(veracity),也称为"5V"特征。

(1)数据量巨大(volume)

大数据的特征首先就是数据规模大。数据量的存储单位从原来的 GB 到 TB,甚至达到 PB、EB。大数据通常指 10TB 规模以上的数据量。"信息爆炸""海量数据"等已经不足以描述大数据。之所以产生如此巨大的数据量，一是由于各种仪器设备的使用，使我们能够感知到更多的事物，这些事物的部分甚至全部数据都可以被存储；二是由于通信工具的使用，使人们能够全时段进行联系，机器—机器（machine to machine，M2M）方式的出现，使得交流的数据量成倍增长；三是由于集成电路价格降低，使得很多物品有了智能的元素。

（2）数据种类多样（variety）

随着传感器种类的增多，以及智能设备、社交网络等的流行，数据类型也变得更加复杂，不仅包括传统的关系数据类型，也包括以网页、视频、音频、E-mail、文档等形式存在的未加工的、半结构化的和非结构化的数据。

（3）实时处理（velocity）

大数据具有数据增长速度快、处理速度快、时效性要求高的特点。实时处理是大数据区别于传统数据的显著特征。在大数据时代，快速从海量数据中挖掘出用户所需的信息需要强大的信息技术做支撑。例如，淘宝"双 11"促销时，销量、销售金额、订单量等实时信息展示，智慧搜索引擎能将几分钟前的新闻推送给用户，电子商务个性化推荐算法要求实时根据用户搜索或购买结果完成商品推荐等。

（4）低密度高价值（value）

大数据背后隐藏着极高的经济意义和经济价值，但是大数据的价值深藏于浩瀚的数据当中，需要多来源数据的参照、关联、对比分析，以及独到的思维、高超的技术，挖掘大数据的价值就像沙里淘金一样。大数据的巨大价值来自其超前的预测能力和数据的真实性。

（5）真实（veracity）

真实是指数据的准确性和可信赖度，即数据的质量。大数据与真实世界密切相关，研究大数据就需要从庞大的网络中提取数据，以解释现实、预测未来，所以这些数据必须是真实的、权威的、原始的、高质量的、可用的。

视频：财务分析的含义和内容

【讨论】根据你的认识谈谈大数据与传统数据的关系。

## 任务 1.1.2　认知财务大数据的定义及特征

### 1. 财务大数据的定义

传统财务数据主要以财务报告数据为主，包括资产负债表、利润表、现金流量表、股东权益变动表及报表附注等相关的财务数据。大数据给企业带来了更大的风险与挑战，大数据不仅扩大了企业财务数据的范畴，而且也对企业财务数据的处理、分析及反馈提出了更高的要求。财务大数据除了涵盖传统的财务报告数据，还包含宏观数据、行业数据，以及企业供应链等相关数据。

财务大数据是利用大数据管理贯穿申请、审批、交易、报账、支付、核算、报告等所有环节，快速进行财务信息的归档、存储、核算、查阅等服务，实现无纸化管理，以及规范化、统一化和自动化的信息管理。

**2. 财务大数据的特征**

随着大数据时代的来临，企业财务管理不再仅仅局限于自身的财务领域，而是渗透到企业的各个领域，例如研发、生产、人力资源、销售等。可以说，大数据时代的到来扩大了财务管理的影响力和作用范围，财务部门从传统的财务管理活动向数据的收集整理、处理和分析方向转变。

具体而言，相比于传统财务数据，财务大数据的特征主要体现在以下四个方面。

（1）数据来源的广度与深度发生改变

大数据时代下，财务管理的管理范围被极大地扩大。除了原来的财务数据管理范围，大数据下的财务管理还包括很多非财务数据的管理，例如销售信息、研发信息及人力资源信息等。这表明财务管理数据来源在广度上发生了变化。

财务管理数据来源在深度上发生的变化是财务管理数据由原来的结构化数据向非结构化数据、半结构化数据转变。结构化财务数据是由传统的运营系统产生的，这部分数据大多存储在关系型数据库中；非结构化和半结构化财务数据的来源较为广泛，比如来自传感器的各种数据、移动电话的 GPS 定位数据、实时交易信息、行情数据信息、用户的网络点击量、顾客的搜索路径、浏览记录、购买记录等。在开展财务管理的过程中，非结构化和半结构化财务数据直接影响了财务数据的构成。

（2）数据处理由原来的集中式向分布式转变

大数据时代，不仅企业数据量呈现出指数化增长趋势，而且企业数据分析处理的时效性要求也更高，传统的财务处理方式已不能满足大数据下的企业财务管理需要。大数据下的财务数据处理需要由原来的集中式计算结构，转为分布式或者扁平式的计算结构。

目前主流的三大分布式计算系统分别为 Hadoop、Storm 和 Spark。Hadoop 可以轻松地集成结构化、半结构化甚至非结构化数据集。Storm 是分布式实时计算系统，它以全内存计算方式处理源源不断流进来的消息，处理之后再将结果写入某个存储。而 Spark 则是基于内存计算的开源集群计算系统，能够更快速地进行数据分析。这三种计算架构在财务数据的处理方面各有优势，同时也有自身的劣势。在选择财务数据计算架构时，企业应根据自身具体情况进行判别。

（3）数据分析从数据仓库向深度学习进行转变

财务数据分析工作是企业在信息管理方面的重要内容。早期的会计电算化主要是面向操作型的，从会计凭证、账簿到报表都没有可靠的历史数据来源，自然也就不能将财务信息转换为可用的决策信息。随着信息处理技术的应用，企业可以利用新的技术实现财务数据的联机分享，还可利用统计运算方法和人工智能技术对数据仓库进行横向和纵向的分析，从而将大量的原始数据转化为对企业有用的信息，提高企业决策的科学性和可操作性。

例如，苏宁电器构建了 ERP 系统，其中在物流系统中将库存商品基础数据（包括产品编号、名称、规格型号、计划单价)、商家基本数据(包括商家编号、名称、地址、电话、邮编、银行账号等)与财务信息系统中的数据进行连接;资金流系统中的保理、保险、银行客户的基本数据、支付结算方式编码、货币编码、利率编码等与财务信息系统中的数据进行共享。这些措施在一定程度上使苏宁实现了财务数据的共享和深度分析。

(4)数据输出形式由图表化转向可视化

在以前的财务数据输出工作中,企业大多采用图表的形式来报告企业财务信息,比如财务报表等。在大数据背景下,企业改变了以往的信息输出形式,将复杂的财务数据转化为直观的图形。更进一步,企业可以综合采用图形、表格和视频等方式将数据进行可视化呈现,从而更好地将信息传达给企业内部及外部的信息使用者,为企业决策提供数据支持。

例如,社交网络中的语音、图像、视频、日志文件等都是可视化的财务数据输出形式。京东、淘宝商城等电商就记录或搜集了网上交易量、顾客感知、品牌意识、产品购买和社会互动等行为数据,以可理解的图形、图片等方式直观呈现出企业在不同时间轴上财务数据的变化趋势。

【讨论】企业对外报送的财务报告是非结构化数据吗?

## 情境元素

信息意识　勤于反思　辩证分析问题

## 思政情境

形成正确的大数据伦理,树立隐私保护意识,从技术与反技术、公平与效率、群体利益与个体利益等多个视角来更加辩证地看待数据隐私问题,树立正确的信息安全观,自觉遵守隐私保护法律法规,既要保护自己的隐私信息,也不要随意泄露他人的隐私信息。

## 情境链接

### 你的隐私,大数据怎么知道?我们又该如何自我保护?

在网络上,每个人都会或多或少或主动或被动地泄露某些碎片信息。这些信息被大数据挖掘,就存在隐私泄露的风险,引发信息安全问题。面对汹涌而来的5G时代,大众对自己的隐私保护感到越来越迷茫,甚至有点不知所措。那么,你的隐私,大数据是怎么知道的呢?大家又该如何自我保护呢?

#### "已知、未知"大数据都知道

大数据时代,每个人都有可能成为安徒生童话中那个"穿新衣"的皇帝。在大数据面前,你说过什么话,它知道;你做过什么事,它知道;你有什么爱好,它知道;你生过什么病,它知道;你家住哪里,它知道;你的亲朋好友都有谁,它也知道……总之,你自己知道的,它几乎都知道,或者说它都能够知道。至少可以说,它迟早会知道!

甚至连你自己都不知道的事情,大数据也可能知道。例如,它能够发现你的许多潜意识习惯：集体照相时你喜欢站在哪里，跨门槛时喜欢先迈左脚还是右脚，你喜欢与什么样的人打交道，你的性格特点是什么，哪位朋友与你的观点不相同，等等。

再进一步说，今后将要发生的事情，大数据也有可能知道。例如，根据你"饮食多、运动少"等信息，它就能够推测出你可能会"三高"。当你与许多人都在独立地购买感冒药时，大数据就知道：流感即将暴发了！其实，大数据已经成功地预测了包括世界杯比赛结果、股票的波动、物价趋势、用户行为、交通情况等。

当然，这里的"你"并非仅仅指"你个人"，还包括但不限于你的家庭、你的单位、你的民族、甚至你的国家等。至于这些你知道的、不知道的或今后才知道的隐私信息，将会把你塑造成什么，是英雄还是狗熊？这却难以预知。

因此，必须多管齐下。例如，从法律上，禁止以"人肉搜索"为目的的大数据挖掘行为；从管理角度，发现恶意的大数据搜索行为，对其进行必要的监督和管控。另外，在必要的时候，还需要重塑"隐私"概念，毕竟"隐私"本身就是一个与时间、地点、民族、文化等有关的约定俗成的概念。

资料来源：杨义先，钮心忻. 你的隐私，大数据怎么知道？我们又该如何自我保护？[N]. 光明日报，2023-01-12（16）.

## 任务 1.2　认知财务大数据

大数据的广泛运用正推动着企业财务向着高效、协同、精细化的方向发展。大数据时代，财务管理的边界在不断拓展：财务数据与业务数据、内部数据与外部数据、结构化数据与非结构化数据等都在逐渐连接起来。

### 任务 1.2.1　明确财务大数据的数据范围

**1. 财务数据**

财务数据来源于业务数据。财务人员将从企业各个业务部门汇集来的、描述企业当前财务状况和经营成果的原始数据，例如采购数据、生产数据、销售数据等，通过汇总、整理、加工变成财务数据，然后输出成果，例如进行纳税申报，向业务部门和管理层提供财务分析、财务预算与预测、财务报告等。

财务数据虽然是业务活动结果的综合反映，但并不反映业务活动的过程，这使得财务分析结果缺乏立体感，不能有力地支持企业的经营管理决策。因此，财务人员应当充分利用财务数据，挖掘其潜在价值。一方面，通过对财务数据进行分析，评价企业财务指标所反映的问题，预测企业发生财务困境的可能性，为企业健康运营保驾护航。另一方面，企业的经营状况直接影响企业经济效益，财务人员可以通过指标计算分析企业的偿债能力、营运能力和盈利能力等具体运营状况，便于管理层直接了解企业目前的经营效率。

**2. 业务数据**

业务数据是由企业各个部门的业务人员通过自身的业务系统直接产生的数据，是未经过深加工的初始数据。不同的业务部门根据其业务性质能够产生显性数据、隐性数据和相关的深度数据。例如，采购部门生成的显性数据有采购合同、采购订单、运费单等，对应的隐性数据有价格高低、质量好坏、运输成本等，进一步挖掘到的深度数据则有应付账款周期、采购周期、供应商管理数据等；又如生产部门，其生成的显性数据有领料单、BOM单、生产工时、维修工时等，对应的隐性数据有产能利用率、人工效率、废品率等，进一步挖掘到的深度数据可能有产品市场情况、产品生命周期、产品链分析数据等；同理，销售部门能够生成销售小票、客户统计单、销售合同、产品清单、产品价格表等显性数据，销售政策、产品品质、品牌价值等隐性数据，品类管理、市场占有率、产品生命周期、客户管理数据、竞争对手数据等深度数据。

【讨论】除了上面提到的采购、生产、销售等业务部门的数据外，你还能想到哪些部门的数据？它们所对应的显性数据、隐性数据和深度数据又分别是什么？

这里列示的只是企业经营与财务数据中的冰山一角，现实中哪怕是一家小企业，也能产生许多数据。即使是打扫卫生的保洁公司，也会产生诸如拖把、消毒水、保洁人员工资或者保洁外包费等业务数据，进而转换成管理费用等财务数据。财务数据和业务数据，都是企业经营产生的数据，二者主要的区别在于单个零散的业务数据很难直接为经营决策提供支持，而经过进一步加工提炼的财务数据却可以为经营决策提供支持。

对企业而言，业务数据分析主要有三方面的作用。一是对业务的改进优化，包括用户体验的改进和公司资源的分配等；二是帮助企业发现机会，利用数据发现人们思维上的盲点，进而发现新的业务机会；三是创造新的商业价值，在数据价值的基础上形成新的商业模式。

财务数据是企业财务人员根据企业已经发生的交易或事项进行记录、计量和报告的，虽然财务数据显示了业务活动的结果，但是无法揭示企业业务活动的具体实施过程。这一现象使得财务数据无法分析企业具体的业务活动的效率，无法给予管理层在企业业务活动层面的决策支持。因此，财务人员要提高财务数据的决策支持度，必须将财务数据与业务数据相融合，在向管理层提供分析报告时，不仅仅局限于数据结果的分析，还可以提供业务经营活动的决策支持。

### 3. 关联数据与信息

在大数据驱动的环境下，企业能够在大量、复杂的关联数据信息中选择出精准、有效的数据，并通过数学方法和统计方法对其进行处理和分析，挖掘出数据背后所反映的内容，从而做出更具有前瞻性、科学性的财务决策。这类关联数据及信息包括管理当局的影响力和政府政策的变化、利率水平及行业发展趋势等。

管理当局和政府的行动常常会带来行业惯例和战略方面的重大变化。而利用大数据，可以为企业制定财务政策提供有力的数据信息支持。企业在制定财务政策时，通过数据挖掘获取制定财务政策所需的有用信息，成为企业制定有效财务政策、实现价值可持续增长的重要手段。通过对国家金融政策、金融市场信息、国家财税和价格政策、经济环境、通货膨胀、各行业投资信息、国家关于股利分配的政策、债务契约约束、行业股利分配特征等关联数据信息的分析，来预测利率、股价、市场系统风险、经济周期等因素的变化，从而可帮助企业选择可行的筹资、投资、应收账款信用和股利分配方案。

行业的发展过程不是一成不变的，在不同阶段它会呈现不同的趋势。影响行业发展的驱动因素有产品革新、技术变革、营销革新、服务创新、企业规模的扩张和缩减等。对于企业来说，应当把握行业趋势，通过行业数据的挖掘，及时做出调整，并制定有效的财务战略，才能迎来更长远的发展。

### 任务 1.2.2　区分财务大数据的数据类型

大数据是一个数据集合，不仅数量巨大，而且数据类型较多。按照不同的分类标准，大数据可分为不同的类别。按照数据结构的不同可以将大数据划分为三类，即结构化数据、半结构化数据、非结构化数据。

#### 1. 结构化数据

传统的数据大多是结构化数据，即使在大数据时代，结构化数据也是非常重要的数据类型之一。结构化数据是指具有统一的数据结构，一般用关系型数据库表示和存储，可以通过固有键值获取相应信息，表现为二维形式数据。例如企业的财务系统数据、信息管理系统数据、客户关系管理数据、订单数据等。

如表 1-1 所示的数据是典型的结构化数据表现形式——关系数据模型。关系数据模型用二维表来表示数据，二维表由若干行和列组成，表中的行即二维表的数据，数据行由列的若干取值构成。

表 1-1　关系数据模型

| 员工编码 | 部　门 | 员工姓名 | 职　位 | 基本工资 |
| --- | --- | --- | --- | --- |
| 101 | 总裁办 | 吴弘易 | 总裁 | 100 000.00 |
| 102 | 总裁办 | 张诚毅 | 副总裁 | 80 000.00 |
| 103 | 总裁办 | 施新河 | 副总裁 | 90 000.00 |
| 104 | 研发管理部 | 吴雅玲 | 研发总监 | 30 000.00 |
| 105 | 研发管理部 | 陈晓东 | 质量总监 | 25 000.00 |
| 106 | 研发管理部 | 许冬冬 | 研发助理 | 6 000.00 |
| 107 | 研发管理部 | 林怡航 | UI 界面设计师 | 12 000.00 |
| 108 | 研发一部 | 蔡以周 | 产品经理 | 18 000.00 |
| 109 | 研发一部 | 尹诗晴 | 需求分析师 | 15 000.00 |

#### 2. 非结构化数据

与结构化数据相比，非结构化数据是指不能采用预先定义好的数据模型或者没有以一个预先定义的方式来组织的数据。常见的非结构化数据有声音、图像、视频等。

非结构化数据库是针对非结构化数据的存储和处理而产生的新型数据库，与传统关系数据库不同的是，它突破了数据固定长度的限制，支持采用重复字段、子字段和变长字段的应用，从而实现了对变长数据和重复字段进行存储和管理。

### 3. 半结构化数据

半结构化数据是介于结构化数据和非结构化数据之间的数据，互联网中的 XML 文件、HTML 文件就属于半结构化数据。半结构化数据一般是自描述的，数据的结构和内容混在一起，没有明显的区分。

与结构化数据和非结构化数据相比，半结构化数据的格式更接近于结构化数据，但其结构变化又很大。因此，半结构化数据通常需要采用非结构化数据的处理方式来管理。实际上，结构化、半结构化及非结构化数据之间的不同，只不过是根据数据的格式划分的。

【讨论】你能尝试将下列描述人员档案的 XML 文件转换成结构化数据吗？

```
<person>
    <name> 李莎 </name>
    <age>25</age>
    <gender> 女 </gender>
</person>
```

## 任务 1.2.3　精准采集财务大数据

采集精准的目标数据，是数据分析合理有效的前提。在数据分析前，首先要看此分析是否有数据支撑、数据资源是否可持续、数据来源渠道是否可控、数据安全和隐私保护方面是否有隐患；其次要看数据资源质量如何，是好数据还是坏数据，能否保障数据分析的实效性。

依据大数据的来源，可以把大数据分为来自组织机构内的内部数据和来自组织机构外的外部数据。

### 1. 内部数据

内部数据是指来自企业自身日常经营管理中收集、整理的数据，主要有生产数据、库存数据、订单数据、电子商务数据、销售数据及客户关系管理数据等。未来随着企业自动化设备的大量启用，将会产生越来越多的数据。内部数据具有较好的可控性，数据质量一般也有保证，但缺点是数据覆盖范围比较有限。

在内部数据中，财务数据是最主要的数据之一。财务数据是各类信息的综合集成，涉及人、财、物的各个方面。财务人员作为数据的处理、计量、分析和报告者，理应在大数据分析中发挥不可替代的关键作用。企业内部财务数据主要是由资产负债表、利润表、现金流量表及所有者权益变动表共同构成的数据集合，是对企业财务状况、经营成果及资金运作的综合概括和高度反映，与财务人员后续的核算管理、成本费用管理、财务报表分析管理息息相关。

### 2. 外部数据

外部数据是来源于企业外部的数据，如互联网数据、其他供应商提供的付费数据、网络爬虫采集的数据等。互联网是数据的海洋，是获取各种数据的主要途径。例如，来自互联网中的国家统计数据、各地方政府公开数据、上市公司的季报和年报、研究机构的调研报告及各种信息平台提供的零散数据等。随着数据需求的加大，市场上催生了一些产品化数据交易平台，这些平台提供多领域的付费数据资源，用户可以按需购买使用。分析者还可自行利用网络数据采集软件，按照设定好的规则自动抓取互联网上的信息。

大数据技术扩展了企业财务的数据范围，过去企业更多地只能使用内部数据，而现在可以利用互联网对外部数据进行采集和处理。财务人员可以利用的外部数据不仅包括上市公司公告数据库、宏观经济数据库、市场交易数据库和行业数据库中的数据，还包括诸如电子邮件、影像、博客、微信、呼叫中心对话和社交媒体等在内的数据，而后者占到数据总量的 85%。

### 任务 1.2.4　构建财务大数据的典型应用场景

大数据场景应用本质上是数据的业务应用场景，是数据和数据分析在企业经营活动中的具体表现。财务大数据的典型应用场景包括财务分析、资金管理、全面预算、成本管理、投资决策等。

#### 1. 财务分析

大数据时代，财务分析数据的来源除了内部财务账表中以货币计量的结构化数据，还有各类非结构化数据、业务数据等，并且可用的外部数据也越来越多。大数据时代的财务分析偏重于相关分析，即从某一相关事务的变化去分析另一相关事务是否发生变化，如果没有变化或者变化不合常规，再分析其影响因素，以解释没有变化或者变化不合常规是否合理。例如，在收入变化的情况下，我们需要分析利润是否发生变化。如果利润没有变化或者变化不合常规，那么我们需要进一步分析成本、费用是否发生变化，并判断成本、费用变化是否合理来确定利润没有变化或变化不合常规是否合理。

#### 2. 资金管理

资金管理是大型企业集团财务管理的核心内容，对企业战略发展和风险控制有重要的影响。大数据的出现也影响着资金管理的工作方式，原有的资金管理流程也会随之改变。

例如，一笔资金支付业务，原来的流程可能是业务部门提出资金需求，财务部门进行账务处理，然后流转到出纳。出纳制单后，再通过企业内部的审核流程，最终在银行付款。财务分析人员可能在周或月度结束后，从财务系统中取得数据，然后对本公司支付用途进行统计分析。而在大数据时代，业务部门和财务部门几乎能同时进行处理。财务记账也不再需要拿到银行流水单再进行账务处理，而事后的统计分析工作也可以在支付的同时就得以统计。大数据简化了原来的流程，缩短了业务处理时间。

同时，大数据打破了原有的工作边界，资金管理不再只是关注资金的信息，而是要扩大范围，将企业内部各个职能部门都考虑在内，甚至包含上下游企业、竞争对手等，从而实现全流程、信息一体化的工作平台。

### 3. 全面预算

在财务大数据环境下，全面预算依赖的数据类型不仅包括传统预算中的财务数据，而且还包括音频、视频、图片、邮件、文档等非结构化数据，通过对这些数据的分析可以提升全面预算的准确性。

例如，在编制采购预算时，可以深入分析大数据中隐藏的信息，科学选择原材料供应商；同时，还可以评价下级部门采购预算是否合理，以便更好地编制企业全面预算。与此同时，由于大数据使传统的自上而下传递预算任务的顺序发生改变，自下而上的预算审批顺序也因此发生变化，从而使得全面预算编制周期明显缩短。此外，在编制资金预算时，依托大数据分析，管理者能够判断预算资金是否合理，以防各部门虚报或瞒报预算资金。

### 4. 成本管理

成本管理是企业内部控制中最重要的部分，贯穿于企业经营的各个环节，成本管理有利于降低成本，提高经济效益。企业要获取更高的净利润，需要对生产成本和人力成本等多方面进行管控。传统成本管理更偏重于产品的生产成本管理和生产过程管理，相对忽视了其他诸如产品开发、采购、销售等过程的成本管理。

在大数据时代，财务管理人员能够及时采集企业生产制造成本、流通销售成本等各种类型的数据，并将这些海量数据应用于企业成本控制系统，通过准确汇集、分配成本、分析企业成本费用的构成因素，区分不同产品的利润贡献程度并进行全方位的比较与选择，从而为企业进行有效的成本管理提供科学的决策依据。

### 5. 投资决策

财务大数据的应用给企业的投资决策提供了海量的可供决策的数据，从而支撑企业制定相对合理且科学的投资决策，提升企业投资决策效率和效果。

一方面，企业可建立专门的大数据收集平台，针对与决策相关的数据进行收集、处理与提取，以提升数据获取的准确性、相关性与及时性；构建大数据云计算平台，实时对大数据进行分析；利用数据挖掘功能对信息与结果之间的相关性进行分析；根据分析结果对较大概率能获得收益的项目进行投资。

另一方面，企业也可通过建立量化投资模型帮助决策者处理海量数据，使决策者能够在短时间内对影响投资结果的因素进行多角度的分析，包括经济周期、市场、未来预期、盈利能力、心理因素等，进而根据模型分析结果做出投资决策，大大提高投资效率。企业也可通过大数据建立数学模型对不同的风险因素进行组合分析，使其能在较短时间内迅速识别潜在的风险并进行精确的量化分析，进而实现对投资项目的风险控制。

【讨论】除了上面提到的这些财务大数据应用场景，你还能想到哪些应用场景呢？

问题解决　提升效率　大数据思维　实践创新

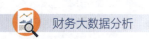 财务大数据分析

### 思政情境

通过大数据在生活中的典型应用案例，引导学生形成大数据思维，培养学生基本的数据素养，为企业数字化运营提供数据阅读、操作、分析和讨论的基本素质支撑；通过案例，拓宽学生的视野，结合专业知识，勇于探索、创新，发现大数据与专业结合的典型应用场景。

### 情境链接

#### 大数据应用案例，告诉你最真实的大数据故事

美国 NASA 如何能提前预知各种天文奇观？风力发电机和创业者开店如何选址？如何才能准确预测并对气象灾害进行预警？包括在未来的城镇化建设过程中，如何打造智能城市？等等。这一系列问题的背后，其实都隐藏着大数据的身影——不仅彰显着大数据的巨大价值，更直观地体现出大数据在各个行业的广阔应用。今天我们从营销、农业等领域整理了大数据应用案例，让我们来了解下最真实的大数据故事吧！

**电商大数据——精准营销法宝**

电商是最早利用大数据进行精准营销的行业，除了精准营销，电商还可以依据客户消费习惯来提前为客户备货，并利用便利店作为货物中转点，在客户下单后的 15 分钟内将货物送上门，这样可以提升客户体验感。菜鸟网络声称能够在 24 小时内完成在中国境内的送货，以及京东宣称未来将在 15 分钟内完成送货上门，都是基于客户消费习惯的大数据分析和预测。

电商可以利用其交易数据和现金流数据，为其生态圈内的商户提供基于现金流的小额贷款，电商业也可以将此数据提供给银行，同银行合作，为中小企业提供信贷支持。由于电商的数据较为集中，数据量足够大，数据种类较多，因此未来电商数据应用将会有更多的想象空间，包括预测流行趋势、消费趋势、地域消费特点、客户消费习惯，以及各种消费行为的相关度、消费热点、影响消费的重要因素等。依托大数据分析，电商的消费报告将有利于品牌公司的产品设计，生产企业的库存管理和计划生产，物流企业的资源配置，生产资料提供方的产能安排，等等，既有利于精细化社会化大生产，也有利于精细化社会的出现。

**农业大数据——量化生产**

大数据在农业的应用非常广泛。例如，大数据分析技术能更加精确地预测未来的天气，帮助农牧民做好自然灾害的预防工作。大数据也可以帮助农民依据消费者的消费习惯来决定增加哪些农作物品种的种植，减少哪些农作物品种的生产，提高单位种植面积的产值，有助于快速销售农产品，完成资金回流。牧民可以通过大数据分析来安排放牧范围，有效利用牧场。渔民可以利用大数据安排休渔期、定位捕鱼范围等。

由于农产品不容易保存，因此合理种植和养殖农产品十分重要。如果没有规划好，容易产生菜贱伤农的悲剧。过去出现的猪肉过剩、卷心菜过剩、香蕉过剩的原因就是信息滞后，没有合理规划。借助于大数据提供的消费趋势报告和消费习惯报告，政府可以为农牧

业生产提供合理引导，按需生产，避免产能过剩，造成不必要的资源和社会财富浪费。

农业关乎国计民生，科学的规划将有助于社会整体效率的提升。大数据技术可以帮助政府实现农业的精细化管理，实现科学决策。在大数据驱动下，结合无人机技术，农民可以采集农产品生长信息、病虫害信息。相较于过去，成本将大大降低，同时精度也将大大提高。

## 同步练习

1. 不属于财务大数据数据结构类型的是（　　）。（单选题）
   A. 结构化数据　　　　　　　　B. 非结构化数据
   C. 半结构化数据　　　　　　　D. 类结构化数据
2. 会计信息系统中的科目汇总表属于（　　）。（单选题）
   A. 结构化数据　　　　　　　　B. 非结构化数据
   C. 半结构化数据　　　　　　　D. 类结构化数据
3. 大数据规模庞大，体现的大数据的特征是（　　）。（单选题）
   A. Variety　　　　B. Volume　　　　C. Velocity　　　　D. Veracity

# 项目 2 数据采集

- **知识目标**

（1）了解数据采集的范围和数据采集的工具。

（2）了解网络爬虫采集数据的基本原理。

（3）熟悉在仿真网站上进行数据采集的代码逻辑。

- **技能目标**

（1）能够从上交所仿真网站上爬取数据。

（2）能够根据爬取目标修改 Python 爬虫代码。

- **素养目标**

（1）培养学生具备基本的程序逻辑素养，拓宽视野、更新知识储备。

（2）树立隐私数据保护意识，既要保护自己公司的隐私数据，也不能破坏别的公司的隐私数据。

 **思维导图**

 **导读**

近年来，以大数据、物联网、人工智能、5G 为核心特征的数字化浪潮正席卷全球。随着网络和信息技术的不断普及，人类产生的数据量正在呈指数级增长。大约每两年翻一番，这意味着人类在最近两年产生的数据量相当于之前产生的全部数据量。世界上每时每刻都在产生大量的数据，包括物联网传感器数据、社交网络数据、商品交易数据等。面对如此巨大的数据，与之相关的采集、存储、分析等环节产生了一系列的问题。如何收集这些数据并且进行转换分析存储，以及高效地进行分析，成为巨大的挑战。因此，需要有一个系统专门收集这样的数据，并且对数据进行提取、转换、加载。

> **任务 2.1** 数据采集原理与工具认知

网络爬虫（webcrawler）也称网络蜘蛛（spider），是一种能够自动浏览万维网的网络机器人，或者说是一种从网络中提取和保存信息的自动化程序。大数据时代，网络爬虫广泛应用于数据采集领域。通过编写网络爬虫程序或使用具有网络爬虫功能的工具，数据分析师可以从互联网的浩瀚网页中大规模、自动化地获取数据分析所需要的大量数据。在数据成为资产的时代，能够自动、批量获取数据的网络爬虫变得越来越重要。

【讨论】说说你知道的数据采集工具有哪些？

### 任务 2.1.1 认知与爬虫有关的概念

#### 1. URL

URL（uniform resource locator）的中文含义是统一资源定位符，它是一种带有参数、格式统一的网络资源地址表示形式。例如，https://www.baidu.com:80/index.html?name=tom&age=18 这个 URL 中，包含了协议类型、域名、端口号、请求的文件名及请求参数等。

（1）协议类型

URL 中的 https 是协议类型，它表明客户端与服务器之间基于 https 协议来传送和解析网页数据。https 是一种安全的万维网协议，广泛用于网络中有安全要求的通信服务，例如电子商务中的交易支付等。

网络通信的协议有很多，除了 https 协议，还有 SMTP（简单邮件传输协议）、FTP（文件传输协议）等，不同协议能够为网络用户提供不同的网络服务。

（2）域名

URL 中的 www.baidu.com 是网络中提供网页访问服务的服务器地址，称为域名。通过域名，用户可以准确地定位到要访问的计算机网络中的那台服务器。

（3）端口号

URL 中的 80 是服务器提供服务或应用的端口号。由于一台服务器能够为用户提供很多的服务，当用户通过域名访问到网络中的这台服务器后，怎样才能准确找到想访问的那个服务或应用呢？事实上，服务器中每个对外提供的服务都有一个唯一的编号，称为端口号，外来访问可以直接通过端口号访问到指定的程序服务或应用。端口号的取值范围是0~65535，一些常用的网络服务和应用都有默认的端口号，一般不能轻易更改。例如，Web 服务使用 80 端口、MySQL 数据库服务使用 3306 端口等。因为 80 端口是 Web 服务器的默认端口，所以 URL 中经常省略它。

（4）请求的文件名

index.html 是用户请求的文件名。当用户通过域名和端口号访问到 Web 服务器后，接下来就可以通过文件名来指定要访问的文件。index.html 是网站首页的默认文件名，在访问网站首页时，经常可以省略它。

（5）请求参数

?name=tom&age=18 是用户向服务器发送请求时传递给服务器的参数，服务器根据参数来确定给用户返回什么样的查询结果。在用户访问网页的过程中，请求参数会自动生成，并随着用户给服务器发送的消息自动传输给服务器。服务器接收到用户请求后，根据 URL 中"？"后面的参数来决定给用户返回什么样的结果。

2. 超文本

在浏览器中打开的网页文件，其实质是一种超文本文件（hypertext）。例如，在浏览器中输入网址 https://cloud.seentao.com/，打开新道云首页。在首页空白处单击鼠标右键，在打开的快捷菜单中单击"检查"，此时页面中弹出一个检查窗口，其中显示了当前首页文件对应的网页编码，这是一种基于 HTML 语言（超文本标记语言）的文件，也就是超文本文件。浏览器以图文结合的形式，展示了该超文本文件的内容。

3. HTTP 请求过程

从在浏览器地址栏中输入 cloud.seentao.com，到浏览器显示出网页内容，整个过程经历了若干步骤，但这些步骤对用户来说都是透明的，用户只是向服务器发送 HTTP 请求，并等待浏览器显示出结果。但是若要使用爬虫程序从网络中爬取数据，就要了解从客户端发出的这个请求是如何被服务器响应的。

4. HTTP 请求报文

用户在浏览器中输入 URL 时，即表示用户使用浏览器向服务器发送 HTTP 请求，此时浏览器会以 HTTP 请求报文的形式向目标服务器发出请求信息。浏览器发送的 HTTP 请求报文由请求行、请求头部和请求数据（又称请求体）三部分组成。

5. HTTP 响应报文

服务器返回的响应报文与浏览器发送的请求报文有关，响应报文包括状态行、响应头部和响应数据（又称响应体）三部分。状态行包含协议版本、状态码和状态码描述。状态码由 3 位数字组成，每个状态码都有其特定的含义。响应头部与请求头部类似，响应头部也添加了一些由服务器反馈回来的信息。响应数据部分存放的是根据用户请求由服务器返回的所有数据资源，响应数据可能是包含文本、图片、视频和音频等信息的文件。使用网络爬虫获取的数据，就包含这些响应数据。

### 情境元素

社会主义核心价值观　数据安全意识

在大数据挖掘的爬虫技术阶段，如果对爬虫技术应用不当，可能会给国家和企业造成负面影响。

# 项目 2　数据采集

## 情境链接

在国家遭遇重大危机时，人们的表现各不相同。一些人秉承救死扶伤的原则，义无反顾地展开救援行动，而另一些人则趁此储存大量的物资，发国难财。这些人的行为表明他们太看重金钱，甚至不惜违法乱纪。在大数据挖掘的过程中，应用爬虫技术是一种按照一定标准编写程序流程脚本，自动请求互联网网站并获取数据网络（仅用于发布）。但是，如果该应用程序不科学，则会带来违反法规的风险，例如，不遵循爬虫协议，以敏感的长宽比获取某些信息内容，以及利用商业活动非法牟利等。我们应该认识到，掌握爬虫技术是一把"双刃剑"，只有正确使用它，才能发挥更大的作用。

## 任务 2.1.2　认知网络爬虫的基本原理

根据用户要抓取的信息所在的网页 URL，网络爬虫可以构造 HTTP 请求以模拟用户向服务器发送请求，并从服务器返回的数据中解析出所要的数据，再根据用户需要将数据进行进一步的转化处理。

应用网络爬虫从互联网中爬取数据的基本流程如下。

### 1. 确定数据源

根据数据分析的需要，确定一个或多个网站的某些页面的某部分信息作为爬取数据的来源。

### 2. 构造并发送请求

根据要爬取页面的 URL 和请求报文，构造 HTTP 请求，以代替真人通过真实的浏览器向服务器发出请求。

### 3. 获取响应数据

从服务器返回的响应报文中获取数据，这些数据可能是 HTML、JSON、图片或视频等类型。

### 4. 解析、处理和保存数据

对获取到的数据作进一步的数据解析、提取后，再将处理后的数据保存。

经过上述四个关键的步骤，网络爬虫就可以将网页上的数据采集到本地计算机中。

随着传感器、5G 及 NB-IoT 的发展，数据采集及传输途径也将得以扩充。由社交媒体和机器人过程自动化（RPA）等转型技术创建的新数据通道将为数据治理和数据质量组织带来机遇和挑战。这些渠道的数据，其规模、数量、速度和变化（SVVV）等特征与数据管理和数据治理传统领域的特征显著不同。数据采集的变化和传统数据管理架构产生了"差异"，这样的"差异"要求管理组织采用不同的方法来管理数据质量和标准，以满足相关数字业务流程所要求的灵活性。

### 同步练习

1. 数据分析的第一个步骤一般是（　　）。（单选题）
   A. 数据预处理　　　B. 数据采集　　　C. 数据建模　　　D. 数据挖掘
2. 因特网的万维网服务程序上用于指定信息位置的表示方法是（　　）。（单选题）
   A. 统一资源定位系统　　　　　B. Web 服务器
   C. TCP 协议　　　　　　　　　D. 网络操作系统
3. 与服务器相对应，能够为客户提供本地服务程序的是（　　）。（单选题）
   A. Web 服务器　　　　　　　　B. 统一资源定位系统
   C. 客户端　　　　　　　　　　D. 网址

## 任务 2.2　知晓上市公司财报数据来源

### 1. 上交所简介

上海证券交易所（Shanghai Stock Exchange，上交所）是中国大陆两所证券交易所之一，它创立于 1990 年 11 月 26 日，位于上海浦东新区。

上海证券交易所致力于创造规范、透明、开放、有活力、有韧性的市场环境，其主要职能包括：提供证券集中交易的场所、设施和服务；制定和修改本所的业务规则；按照国务院及中国证监会规定，审核证券公开发行上市申请；审核、安排证券上市交易，决定证券终止上市和重新上市等；提供非公开发行证券转让服务；组织和监督证券交易；组织实施交易品种和交易方式创新；对会员进行监管；对证券上市交易公司及相关信息披露义务人进行监管，提供网站供信息披露义务人发布依法披露的信息；对证券服务机构为证券发行上市、交易等提供服务的行为进行监管；设立或者参与设立证券登记结算机构；管理和公布市场信息；开展投资者教育和保护；法律、行政法规规定的及中国证监会许可、授权或者委托的其他职能。

截至 2019 年年末，沪市上市公司总数达 1 572 家，总市值 35.6 万亿元；2019 年全年股票累计成交金额 54.4 万亿元，日均成交 2 229 亿元，股市筹资总额 5 145 亿元；债券市场挂牌只数 15 368 只，托管量 10.1 万亿元，累计成交 221.79 万亿元；基金市场上市只数达 292 只，累计成交 6.9 万亿元；衍生品市场全年累计成交 3 389 亿元。沪市投资者开户数量已达 24 398 万户。

### 2. XBRL 实例文档

XBRL（extensible business reporting language，可扩展商业报告语言）是一种基于 XML（extensible markup language，可扩展的标记语言）的标记语言，是目前应用于非结

构化信息处理，尤其是财务信息处理的有效技术。

中国证监会于 2003 年开始推动 XBRL 在上市公司信息披露中的应用。上交所对 XBRL 技术一直非常关注，进行了广泛深入的研究。在证监会的支持和指导下，上交所积极参与相关标准制定，并首先成功将 XBRL 应用到上市公司定期报告摘要报送系统中，在国内交易所率先实现了 XBRL 的实际应用，并得到 XBRL 领域国际专家的充分认可。随后，上交所成功实现了全部上市公司定期公告的全文 XBRL 信息披露，并探索部分临时公告的信息披露应用。同时，上交所还制定了公募基金信息披露 XBRL 分类标准，并配合证监会在全行业推广应用。目前，XBRL 已成为上交所上市公司信息披露监管的有力工具。

### 3. 上交所仿真网站

由于程序自动爬取数据会对服务器带来访问压力，因而大部分网站都会建立反爬机制，以此拒绝爬虫程序的访问。例如，有的网站设有监测程序，若短时间内有大量来自同一 IP 段或同一 IP 地址的机器频繁访问该网站，该网站就会判断这些机器的访问为异常访问，进而暂时封闭这些机器的访问权限，从而导致无法访问该网站，这也会影响爬虫程序无法获取到数据。基于此原因，本教材配套研发了教学专用版的上交所上市公司仿真网站，该仿真网站可以支持多人同时进行报表数据采集。网站首页如图 2-1 所示。

图 2-1　上海证券交易所网站页面

## 任务 2.3　实战演练——数据采集

### 任务 2.3.1　单企业财报数据采集

【任务要求】采集 BDH2020 年的年报数据，报表类型为基本信息表。

【数据采集】进入 DBE 财务大数据的课程平台，单击【数据采集实战演练】→【任务：单企业数据采集】，单击【开始任务】按钮，在平台提供的代码页面，修改其中的企业信息为（"600598"，"北大荒"，"bdh"），年份信息修改为"2020"，如图 2-2 所示。

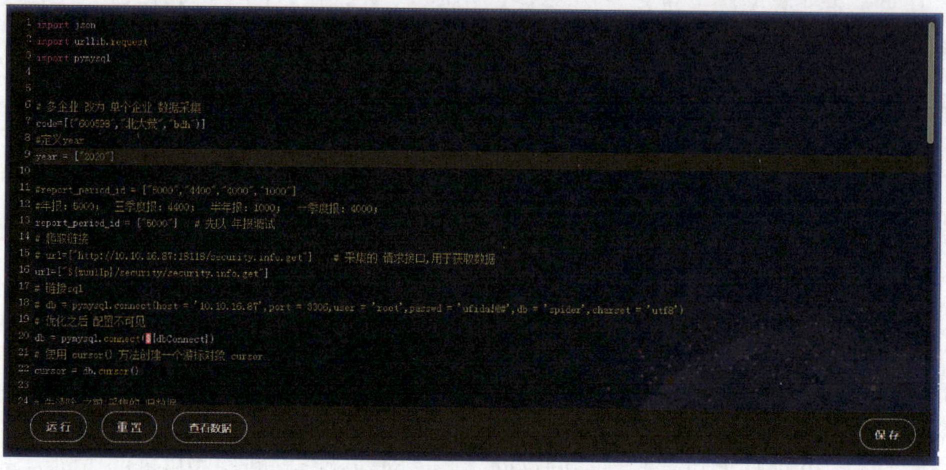

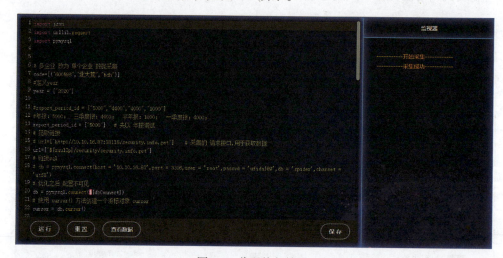

图 2-2　仿真代码页面

单击【运行】按钮，系统执行代码，从仿真的上交所网站上采集 BDH2020 年的基础信息表。运行完毕，提示采集成功，如图 2-3 所示。

图 2-3　代码执行结果

单击【查看数据】按钮，系统显示出采集结果，如图 2-4 所示。

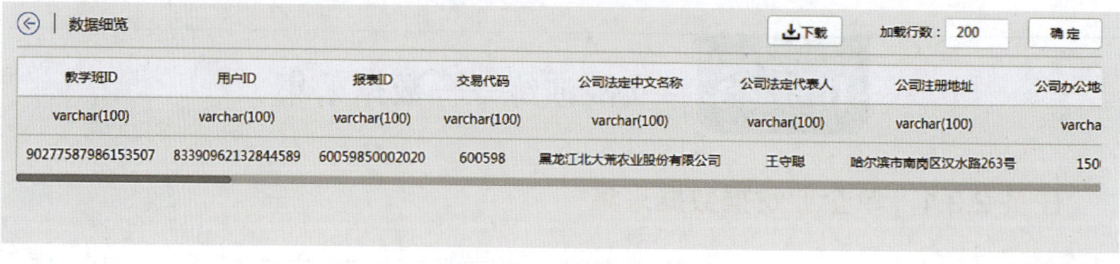

| 教学班ID | 用户ID | 报表ID | 交易代码 | 公司法定中文名称 | 公司法定代表人 | 公司注册地址 | 公司办公地 |
|---|---|---|---|---|---|---|---|
| varchar(100) | varchar(100) | varchar(100) | varchar(100) | varchar(100) | varchar(100) | varchar(100) | varcha |
| 90277587986153507 | 83390962132844589 | 60059850002020 | 600598 | 黑龙江北大荒农业股份有限公司 | 王守聪 | 哈尔滨市南岗区汉水路263号 | 150 |

图 2-4　数据采集结果

可以单击【下载】按钮，将采集结果下载到本地。

### 任务 2.3.2　多企业信息数据采集

【任务要求】采集多家企业的基本信息表，企业可在上交所上市的公司中任选，比如选择贵州茅台、美克家居、柳钢股份、三一重工四家公司的基本信息表。

【数据采集】进入 DBE 财务大数据的课程平台，单击【数据采集实战演练】→【任务：单企业数据采集】，单击【开始任务】按钮，在平台提供的代码页面，修改源代码 code=[("601360"，" 三六零 "，"sll")，("600500"，" 中化国际 "，"zhgj")，("601018"，" 宁波港 "，"nbg")，("600750"，" 江中药业 "，"jzyy")]，year=["2019"，"2020"]，如图 2-5 所示。

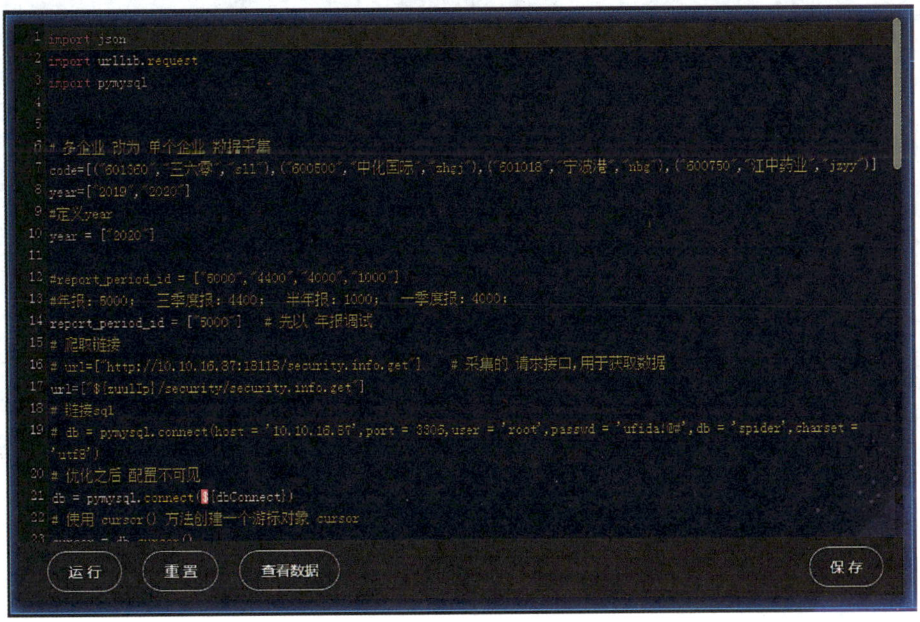

图 2-5　仿真代码编译页面

单击【运行】按钮，代码执行成功，单击【查看数据】按钮，系统显示采集的数据，如图 2-6 所示。

### 任务 2.3.3　多企业财报数据采集

【任务要求】采集 4 家企业（比如选择三六零、中化国际、宁波港、江中药业）的资产负债表、利润表、现金流量表。

【数据采集】分别单击任务"采集利润表""采集资产负债表""采集现金流量表"，完成数据采集，以"采集利润表"为例。

修改源代码 code=[("601360"，" 三六零 "，"sll")，("600500"，" 中化国际 "，"zhgj")，("601018"，" 宁波港 "，"nbg")，("600750"，" 江中药业 "，"jzyy")]。

year=["2016"，"2017"，"2018"，"2019"，"2020"]，如图 2-7 所示。

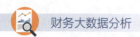

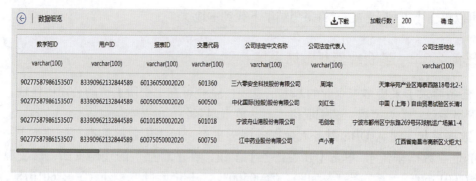

数据细览　　下载　　加载行数：200　　确定

| 教学班ID | 用户ID | 报表ID | 交易代码 | 公司法定中文名称 | 公司法定代表人 | 公司注册地址 |
|---|---|---|---|---|---|---|
| varchar(100) | varchar(100) | varchar(100) | varchar(100) | varchar(100) | varchar(100) | varchar(100) |
| 90277587986153507 | 83390962132844589 | 60136050002020 | 601360 | 三六零安全科技股份有限公司 | 周鸿t | 天津华苑产业区海泰西路18号北2-! |
| 90277587986153507 | 83390962132844589 | 60050050002020 | 600500 | 中化国际(控股)股份有限公司 | 刘红生 | 中国（上海）自由贸易试验区长清 |
| 90277587986153507 | 83390962132844589 | 60101850002020 | 601018 | 宁波舟山港股份有限公司 | 毛剑宏 | 宁波市鄞州区宁东路269号环球航运广场第1-4 |
| 90277587986153507 | 83390962132844589 | 60075050002020 | 600750 | 江中药业股份有限公司 | 卢小青 | 江西省南昌市高新区火炬大 |

图 2-6　采集结果（1）

```
import json
import urllib.request
import pymysql


# 多企业 改为 单个企业 数据采集
code=[("601360","三六零","sll"),("600500","中化国际","zhgj"),("601018","宁波港","nbg"),("600750","江中药业","jzyy")]
#定义year
year=["2016","2017","2018","2019","2020"]

#report_period_id = ["5000","4400","4000","1000"]
#年报：5000；   三季度报：4400；   半年报：1000；   一季度报：4000；
report_period_id = ["5000"]    # 先以 年报调试
# 爬取链接
# url=["http://10.10.16.34:18117/security.incomestatement.get"]   # 采集的 请求接口,用于获取数据
url=["${zuulIp}/security/security.incomestatement.get"]
# 链接sql
# db = pymysql.connect(host = '10.10.16.31',port = 3306,user = 'root',passwd = 'ufida!@#',db = 'spider',charset = 'utf8')
# 优化之后 配置不可见
db = pymysql.connect(${dbConnect})
# 使用 cursor() 方法创建一个游标对象 cursor
cursor = db.cursor()

```

运行　　重置　　查看数据　　保存

图 2-7　仿真代码编译页面

单击【运行】按钮，系统采集四家公司 5 年的利润表，单击【查看数据】按钮，可以看到采集结果，如图 2-8 所示。

数据细览　　下载　　加载行数：200　　确定

| 教学班ID | 用户ID | 报表ID | 交易代码 | 营业总收入 | 营业收入 | 金融资产利息收入 | 已赚保费 | 手续费及佣金收入 |
|---|---|---|---|---|---|---|---|---|
| varchar(100) | varchar(100) | varchar(100) | varchar(100) | varchar(100) | varchar(100) | varchar(100) | varchar(100) | varchar(100) |
| 90277587986153507 | 83390962132844589 | 60136050002020 | 601360 | 11614731000.00 | 11614731000.00 | 0.00 | 0.00 | 0.00 |
| 90277587986153507 | 83390962132844589 | 60136050002019 | 601360 | 12841095000.00 | 12841095000.00 | 0.00 | 0.00 | 0.00 |
| 90277587986153507 | 83390962132844589 | 60136050002018 | 601360 | 13129263000.00 | 13129263000.00 | 0.00 | 0.00 | 0.00 |
| 90277587986153507 | 83390962132844589 | 60050050002020 | 600500 | 54161937598.01 | 54161937598.01 | 0.00 | 0.00 | 0.00 |
| 90277587986153507 | 83390962132844589 | 60050050002019 | 600500 | 52846463065.75 | 52846463065.75 | 0.00 | 0.00 | 0.00 |
| 90277587986153507 | 83390962132844589 | 60050050002018 | 600500 | 59956573411.59 | 59956573411.59 | 0.00 | 0.00 | 0.00 |
| 90277587986153507 | 83390962132844589 | 60050050002017 | 600500 | 62466074604.33 | 62466074604.33 | 0.00 | 0.00 | 0.00 |
| 90277587986153507 | 83390962132844589 | 60050050002016 | 600500 | 40656746011.76 | 40656746011.76 | 0.00 | 0.00 | 0.00 |
| 90277587986153507 | 83390962132844589 | 60101850002020 | 601018 | 21267766000.00 | 21267766000.00 | 0.00 | 0.00 | 0.00 |
| 90277587986153507 | 83390962132844589 | 60101850002019 | 601018 | 24322024000.00 | 24322024000.00 | 0.00 | 0.00 | 0.00 |
| 90277587986153507 | 83390962132844589 | 60101850002018 | 601018 | 21879609000.00 | 21879609000.00 | 0.00 | 0.00 | 0.00 |

图 2-8　采集结果（2）

【**注意**】采集不同类型的报表时，url 的定义内容不同。
采集利润表：url=["${zuulIp}/security/security.incomestatement.get"]
采集资产负债表：url=["${zuulIp}/security/security.balancesheet.get"]
采集现金流量表：url=["${zuulIp}/security/security.cashflow.get"]

# 项目 3 数据预处理

▪ **知识目标**
（1）掌握数据清洗的概念、内容、方法。
（2）掌握数据集成的概念、内容、方法。

▪ **技能目标**
（1）能够依据案例资料建立数据清洗规则，进行数据清洗流程设计与工具操作。
（2）能够依据案例资料建立数据集成工具操作。

▪ **素养目标**
（1）培养学生数据清洗的能力。
（2）培养学生对数据进行关联与合并的预处理能力。
（3）强化学生努力掌握先进技术的职业素养。

▪ **思维导图**

▪ **导读**

　　大数据价值最大化需要数据的连接+融合。在数据类型上，更强调结构化、半结构化、非结构化等多类别数据的采集和存储，例如音频、视频等；在数据场景上，同时注重线上、线下数据的可获得性；在数据来源上，除了依赖于资深的企业内部数据，更需要不断融合第三方数据；在数据关联性上，要消除数据孤岛，实现数据在可控范围内的自由流动和融合。

## 任务 3.1　数据清洗

　　数据清洗从字面上也可看出，就是把"脏"的数据"洗掉"。数据清洗占据了数据分析师 80% 的时间，因为数据中有很多脏数据，这些脏数据产生的原因多种多样，其中最根本的原因是数据来源的多样性，导致数据的标准、格式、统计方法不一样。另外，录入和计算数据的代码也可能会导致错误，这也是不可避免的。因为数据仓库中的数据是面向某一主题的数据的集合，这些数据从多个业务系统中抽取而来，而且包含历史数据，这样就避免不了有的数据是错误数据，有的数据相互之间有冲突。这些错误的或有冲突的数据显然是我们不想要的，因此称为"脏数据"，数据清洗就是要按照一定的规则把"脏数据""洗掉"。

### 任务 3.1.1  认知数据清洗的概念及原则

#### 1. 数据清洗的概念

数据清洗（data cleaning）是对数据进行重新审查和校验的过程，是发现并纠正数据文件中可识别的错误的最后一道程序，目的在于删除重复信息、纠正存在的错误，并提供数据一致性。数据清洗包括检查数据一致性，处理无效值和缺失值等。

数据清洗的任务是过滤那些不符合要求的数据，将过滤的结果交给业务主管部门，确认是否由业务单位修正之后再进行抽取。不符合要求的数据主要有以下三大类：不完整的数据、错误的数据、重复的数据。

数据清洗不是一次性工作，需要多次、多环节进行。因此，要做好数据清洗、保证数据质量，首先需要对整个数据处理的流程进行设计或了解，在了解了数据流程后再在相应的环节设计数据清洗的流程。

#### 2. 数据清洗的原则

（1）数据清洗的总体原则

少量数据时，先对数据进行合并、链接，再进行数据清洗；大数据源接入时，先按照统一标准清洗数据，再进行接入；当有多个计算层时，每个数据计算层均应先清洗再计算；当分析结果发现存在数据问题时，应追溯问题的源头，新增或修订清洗规则。

（2）数据清洗的具体原则

① 一个清洗步骤包含一条清洗规则。

② 在拆分多个清洗步骤时，每个步骤都要进行数据备份，以便在发现问题时进行回退操作。

③ 一般先进行全局清洗（即对全部数据进行清洗），再针对个别字段进行清洗。

④ 清洗的输出结果不应直接放在正式数据流或正式文件中，可先用测试环境中的临时文件进行充分验证后再应用于正式环境。

 知 识 拓 展

大数据利用了一种名叫"大数据挖掘"的技术，采用诸如神经网络、遗传算法、决策树、粗糙集、覆盖正例排斥反例、统计分析、模糊集等方法挖掘信息。大数据挖掘的过程，可以分为数据收集、数据集成、数据规约、数据清理、数据变换、挖掘分析、模式评估、知识表示等八大步骤。

不过，这些听起来"高大上"的大数据产业，几乎等同于垃圾处理和废品回收。废品收购和垃圾收集，可算作"数据收集"；将废品和垃圾送往集中处理场所，可算作"数据集成"；将废品和垃圾初步分类，可算作"数据规约"；将废品和垃圾适当清洁和整理，可算作"数据清理"；将破沙发拆成木、铁、布等原料，可算作"数据变换"；认真分析如何将这些原料卖个好价钱，可算作"数据分析"；不断总结经验，选择并固定上下游卖家和买家，可算作"模式评估"；最后，把这些技巧整理成口诀，可算作"知识表示"。

### 任务 3.1.2　熟悉数据清洗的主要内容及处理方法

数据清洗的主要内容有缺失值清洗、格式内容清洗、逻辑错误清洗、非需求性数据清洗、关联性验证。

#### 1. 缺失值清洗

缺失值是数据清洗中比较常见的问题，处理缺失值也有很多方法，主要的方法有：确定缺失值范围，根据每个字段的缺失值比例和字段的重要性，为每个字段制订相应的处理策略。

（1）去除不需要的字段

对不需要的字段，可以直接删除。但建议在清洗时，每操作一步都进行备份，或者在小规模数据上试验成功后再处理全量数据。

（2）填充缺失内容

缺失值的填充可以通过以下方式进行：以业务知识或经验从本数据源或其他数据源进行推测并填充缺失值；以同一指标的计算结果（均值、中位数、众数等）填充缺失值；以不同指标的计算结果填充缺失值。

（3）重新取数

如果某些指标非常重要但缺失率高，那就需要和取数人员或业务人员进行沟通，了解是否有其他渠道可以获取相关数据。

【讨论】数据缺失值的处理方式有哪些？

#### 2. 格式内容清洗

如果数据来源于系统日志，那么通常在格式和内容方面，会与元数据的描述保持一致。如果数据是由人工收集或用户填写而来的，那么在格式和内容上很可能会出现一些问题。

格式内容问题主要有以下几类。

（1）时间、日期、数值、全半角等显示格式不一致

这种问题通常与输入端有关，在整合多来源数据时也可能遇到。解决这类问题时，只

需将数据处理成一致的某种格式即可。

（2）内容中有不该存在的字符

存在这类问题时，只需去除不需要的字符即可。

（3）内容与该字段应有内容不符

比如姓名写成了性别，身份证号写成了手机号等，均属这类问题。该问题的特殊性在于并不能简单地以删除的方式进行处理，因为问题的成因可能是人工填写错误，也可能是前端没有进行校验，还可能是导入数据时部分或全部数据存在列没有对齐的问题，因此要详细识别问题类型后再进行处理。

### 3. 逻辑错误清洗

逻辑错误数据是指使用简单逻辑推理就可以直接发现问题的数据，为防止分析结果出现偏差，需要进行以下处理。

（1）去重

去重即去除重复值。某些分析师喜欢把去重放在数据清洗的第一步，但建议把此步骤放在格式内容清洗之后，因为格式问题可能会导致去重操作失败。例如，"张 飞 霞"和"张飞霞"是同一个人，只是存在格式上的差异，空格会导致工具认为它们不是同一个人，导致去重失败。

（2）去除不合理值

对于填列的不合理数据，例如年龄填列为200的数据，需要进行处理。这类数据要么删掉，要么按缺失值处理。

（3）修正矛盾内容

例如，身份证号为11010319800209****，其所对应的年龄填列为18岁。这时候需要根据字段的数据来源，来判定哪个字段提供的信息更为可靠，去除或重构不可靠的字段。

### 4. 非需求性数据清洗

这一步看似非常简单，只是删除不需要的字段，但在实际操作过程中存在很多问题。
问题1，删除了表面上不需要但实际上对业务很重要的字段。
问题2，某个字段有用，但还没想好怎么用，不知道是否该删除。
问题3，删错字段。

对前两种情况的处理建议是：如果数据量没有大到不删字段就难以处理的程度，那么能不删的字段尽量保留；而为了避免第三种情况的发生，则需要定期备份数据。

### 5. 关联性验证

如果数据有多个来源，则有必要对数据之间进行关联性验证。例如，现有汽车的线下购买信息和电话客服问卷信息，可以通过客户姓名和手机号对两表进行关联，检查同一个人在线下登记的车辆信息和在线上问卷提供的车辆信息是否为同一辆，以此查验数据的一致性。如果数据不一致，则需要对数据进行调整或删除。

## 情境元素

迎难而上　奋力拼搏

## 思政情境

数据的预处理环节需要我们了解其原理，也需要动手实操，才能掌握数据清洗与集成的具体应用。俗话说："看花容易绣花难。"我们不仅要懂得任何事情，也要亲身实践。实践是检验真理的唯一标准。

## 情境链接

爱迪生12岁时就沉迷于科学实验，通过孜孜不倦地自学和实验，他16岁发明了每小时拍发一个信号的自动电报机。后来，他又接连发明了自动数票机、第一架实用打字机、二重与四重电报机、自动电话机和留声机等。取得这些发明成果的爱迪生并不满足，1878年9月，他决定向电力照明这个领域发起进攻。他查阅了大量的有关电力照明的书籍，决心制造出价格便宜、经久耐用，而且安全方便的电灯。所以，不管是学习还是研究，我们一定要笃信躬行。信书不如无书，要把知识和经验有机结合起来，通过实践来验证知识，根据实践需要积极地获取真正的知识。

## 同步练习

1. "脏数据"产生的最根本原因是（　　）。（单选题）
   A. 数据来源多样，使得数据标准、格式和统计方法不一致
   B. 数据录入错误
   C. 计算代码错误
   D. 技术原因瑕疵

2. 发现并纠正数据文件中可识别的错误的最后一道程序是（　　）。（单选题）
   A. 数据采集　　　　　　　　B. 数据清洗
   C. 数据建模　　　　　　　　D. 数据挖掘与分析

3. 为了提升清洗效率，在不影响正常要分析的数据前提下，将多个字段都存在的问题一次性清洗掉，可以使用（　　）。（单选题）
   A. 个别字段清洗　　　　　　B. 全局清洗
   C. 非法字符清洗　　　　　　D. 缺失值清洗

4. 将选定字段切分为多个字段,相当于拆分列的数据清洗方法是(    )。(单选题)
   A. 字段替换　　　　B. 字段合并　　　　C. 均值填补　　　　D. 字段切分

## 任务 3.2　实战演练——数据清洗

【案例背景】B 公司是一家销售办公用品、办公家具和办公电子设备的公司,旗下有多家直营店,每月月底,各直营店都会向财务提供本月的销售数据表。现在公司的财务分析师手上有一份汇总多年的销售数据表,分析师需要根据此表进行客户维度和产品维度的销售分析。在分析前,先要对这份数据表进行数据清洗。

【任务目标】对给定的数据表进行清洗,要求将表中单元格中的空值和空格替换为 Null;将表中的"客户 ID"拆分为两列,分别为"客户名称"和"客户 ID";将"产品名称"拆分为三列,分别为"品牌""品名""规格"。

### 任务 3.2.1　全局清洗

【任务要求】将表格中值为"-"和空格的替换为 Null。

进入课程平台,项目三—数据清洗—数据清洗实战,单击【任务:全局清洗规则】按钮,单击【开始任务】按钮,进入数据清洗页面,如图 3-1 所示。

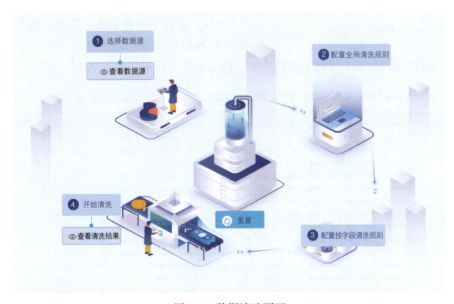

图 3-1　数据清洗页面

单击【选择数据源】按钮,要清洗的表已经内置在课程平台中,所以直接单击空白框向下的箭头,选择内置的表"清洗示例 - 超市 -1210 精简",如图 3-2 所示。

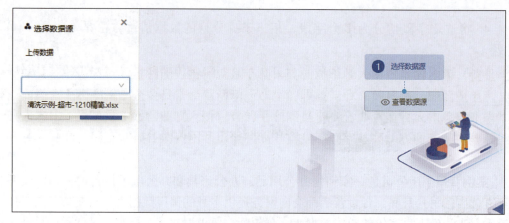

图 3-2 选择要清洗的数据表

图 3-3 数据上传成功

此处也支持上传数据表,单击【上传数据】按钮,可以将自有的想要清洗的数据表上传上来。单击【保存】按钮,数据上传成功,如图 3-3 所示。

单击【查看数据源】按钮,可以看到"折扣"列有的值为"-",有的值为空,如图 3-4 所示。

单击【配置全局清洗规则】按钮,左侧出现"配置全局清洗规则"区,选择"字符替换"下的"-(仅有)替换为 Null"和"空格(仅有)替换为 Null",如图 3-5 所示。

此处也可以选择"-(仅有)替换为 0"和"空格(仅有)替换为 0"。

图 3-4 数据表

项目 3 数据预处理

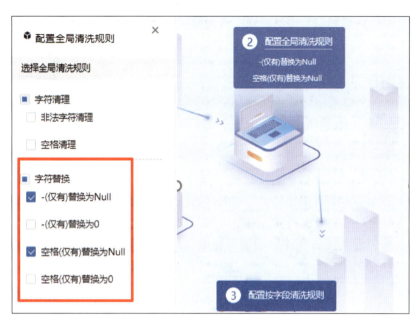

图 3-5 选择全局清洗规则

单击【开始清洗】按钮,系统弹出"确定要开始清洗吗?",单击【确定】按钮,如图 3-6 所示。

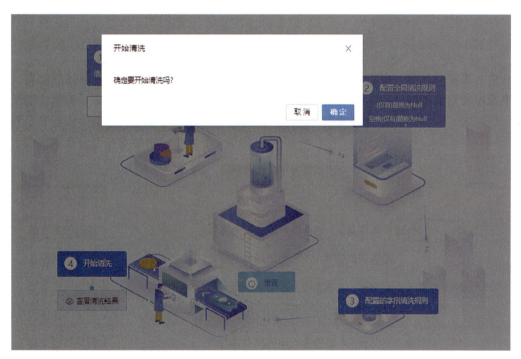

图 3-6 开始清洗

清洗完成,单击【查看清洗结果】按钮,可以看到折扣列原来的"-"变成了空值 null,如图 3-7 所示。

31

| 发货日期 | 邮寄方式 | 客户ID | 客户类型 | 城市 | 产品ID | 类别 | 子类别 | 产品名称 | 销售额 | 销售数量 | 折扣 | 利润 |
|---|---|---|---|---|---|---|---|---|---|---|---|---|
| 2015/04/30 | 二级 | 曾路-14485 | 公司 | 杭州 | 10002717 | 办公用品 | 用品 | Fiskars 剪刀, *蓝色 | 129.696 | 2 | 0.4 | -60.704 |
| 2015/06/20 | 标准级 | 许安-10165 | 消费者 | 内江 | 10004832 | 办公用品 | 信封 | GlobeWeis 搭扣信封, 红色 | 125.44 | 2 | 0 | 42.56 |
| 2015/06/20 | 标准级 | 许安-10165 | 消费者 | 内江 | 10001505 | 办公用品 | 装订机 | Cardinal 孔加固材料, 回收 | 31.92 | 2 | 0.4 | 4.2 |
| 2015/12/14 | 标准级 | 宋良-17170 | 公司 | 镇江 | 10003746 | 办公用品 | 用品 | Kleencut 开信刀, 工业 | 321.216 | 4 | 0.4 | -27.104 |
| 2014/06/02 | 二级 | 万兰-15730 | 消费者 | 汕头 | 10003452 | 办公用品 | 器具 | KitchenAid 搅拌机, 黑色 | 1375.92 | 3 | 0 | 550.2 |
| 2013/10/31 | 标准级 | 俞明-18325 | 消费者 | 景德镇 | 10001640 | 技术 | 设备 | 柯尼卡 打印机, 红色 | 11129.58 | 9 | 0 | 3783.78 |
| 2013/10/31 | 标准级 | 俞明-18325 | 消费者 | 景德镇 | 10001029 | 办公用品 | 装订机 | Ibico|订书机, 实惠 | 479.92 | 2 | 0 | 172.76 |
| 2013/10/31 | 标准级 | 俞明-18325 | 消费者 | 景德镇 | 10000578 | 家具 | 椅子 | SAFCO|扶手椅, 可调 | 8659.84 | 4 | 0 | 2684.08 |
| 2013/10/31 | 标准级 | 俞明-18325 | 消费者 | 景德镇 | 10001629 | 办公用品 | 纸张 | GreenBar|计划信息表, 多色 | 588 | 5 | 0 | 46.9 |
| 2013/10/31 | 标准级 | 俞明-18325 | 消费者 | 景德镇 | 10004801 | 办公用品 | 系固件 | Stockwell 橡皮筋, 整包 | 154.28 | 2 | 0 | 33.88 |
| 2012/12/24 | 二级 | 谢雪-21700 | 小型企业 | 榆林 | 10000001 | 技术 | 设备 | 爱普生 计算器, 耐用 | 434.28 | 2 | 0 | 4.2 |
| 2015/06/07 | 标准级 | 康青-19585 | 消费者 | 哈尔滨 | 10002416 | 技术 | 复印机 | 惠普 墨水, 红色 | 2368.8 | 4 | 0 | 639.52 |
| 2013/06/09 | 标准级 | 赵坤-10885 | 消费者 | 青岛 | 10000017 | 办公用品 | 信封 | Jiffy|周间信封, 银色 | 683.76 | 3 | 0 | 88.62 |
| 2013/06/09 | 标准级 | 赵坤-10885 | 消费者 | 青岛 | 10004920 | 技术 | 配件 | SanDisk 键盘, 可调程 | 1326.5 | 5 | 0 | 344.4 |
| 2013/06/09 | 标准级 | 赵坤-10885 | 消费者 | 青岛 | 10004349 | 技术 | 电话 | 诺基亚 充电器, 蓝色 | 5936.56 | 7 | 0 | 2849.28 |
| 2014/11/25 | 一级 | 刘斯-20965 | 公司 | 徐州 | 10003582 | 办公用品 | 器具 | KitchenAid 冰箱, 黑色 | 10336.452 | 7 | 0.4 | -3962.728 |
| 2014/11/25 | 一级 | 刘斯-20965 | 公司 | 徐州 | 10004648 | 办公用品 | 标签 | Novimex 圆形标签, 红色 | 85.26 | 3 | 0 | 38.22 |
| 2015/10/05 | 二级 | 白颖-14050 | 消费者 | 上海 | 10001200 | 技术 | 配件 | Memorex 键盘, 实惠 | 2330.44 | 7 | 0 | 1071.14 |
| 2015/10/05 | 二级 | 白颖-14050 | 消费者 | 上海 | 10000039 | 办公用品 | 用品 | Acme 尺子, 工业 | 85.54 | 1 | 0 | 23.94 |

图 3-7 清洗结果

可以将该清洗结果下载,作为下一步清洗的数据源表。

【注意】此次清洗时不要选择"非法字符清洗","产品名称"列的非法字符后续会进行统一替换,因此此处不需要进行清洗。

### 任务 3.2.2 字段拆分(客户ID)

【任务要求】将"客户ID"列切分为"客户名称"和"客户ID"两列。

单击【任务:客户分布分析】按钮,单击【开始任务】按钮,进入数据清洗页面,单击【选择数据源】按钮,下拉选择"超市销售数据"(注:也可以将上一步清洗后的结果在此处上传),单击【保存】按钮,如图 3-8 所示。

图 3-8 数据清洗选择数据表

单击【配置按字段清洗规则】按钮,单击【添加规则】按钮,选择"字段切分",弹出"选择字段"窗口,将"客户ID"移到右侧,如图 3-9 所示。

项目 3　数据预处理

图 3-9　选择字段

在"按字段清洗规则"区，切分分隔符为"-"，客户 ID 切分后的字段名分别设为"客户名称"和"客户 ID"，如图 3-10 所示。

单击【保存】按钮，保存规则，之后单击【开始清洗】按钮，系统自动按清洗规则执行清洗任务，清洗完毕，单击【查看清洗结果】按钮，可以看到原"客户 ID"列变为"客户名称"和"客户 ID"两列，如图 3-11 所示。

### 任务 3.2.3　字段拆分（产品名称）

【任务要求】将"产品名称"列切分为"品牌""品名""规格"三列。

图 3-10　添加规则

该任务稍微复杂，在进行字段拆分前，需要统一"产品名称"列中的切分符，将现有字段中的特殊字符进行逐一替换，最终替换为统一的切分符。其替换步骤如图 3-12 所示。

| 发货日期 | 邮寄方式 | 客户名称 | 细分 | 城市 | 产品ID | 类别 | 子类别 | 产品名称 | 销售额 | 数量 | 折扣 | 利润 | 客户ID |
|---|---|---|---|---|---|---|---|---|---|---|---|---|---|
| 2015/04/30 | 二级 | 曾憲 | 公司 | 杭州 | 10002717 | 办公用品 | 用品 | Fiskars 剪刀, *蓝色 | 129.696 | 2 | 0.4 | -60.704 | 14485 |
| 2015/06/20 | 标准级 | 许安 | 消费者 | 内江 | 10004832 | 办公用品 | 信封 | GlobeWeis*搭扣信封, 红色 | 125.44 | 2 | 0 | 42.56 | 10165 |
| 2015/06/20 | 标准级 | 许安 | 消费者 | 内江 | 10001505 | 办公用品 | 装订机 | Cardinal 孔加固材料, 回收 | 31.92 | 2 | 0.4 | 4.2 | 10165 |
| 2015/12/14 | 标准级 | 宋良 | 公司 | 镇江 | 10003746 | 办公用品 | 用品 | Kleencut 开信刀, 工业 | 321.216 | 4 | 0 | -27.104 | 17170 |
| 2014/06/02 | 二级 | 万兰 | 消费者 | 汕头 | 10003452 | 办公用品 | 器具 | KitchenAid 搅拌机, 黑色 | 1375.92 | 3 | 0 | 550.2 | 15730 |
| 2013/10/31 | 标准级 | 俞明 | 消费者 | 景德镇 | 10001640 | 技术 | 设备 | 柯尼卡 打印机, 红色 | 11129.58 | 9 |  | 3783.78 | 18325 |
| 2013/10/31 | 标准级 | 俞明 | 消费者 | 景德镇 | 10001029 | 办公用品 | 装订机 | Ibico|订书机, 实惠 | 479.92 | 4 | 0 | 172.76 | 18325 |
| 2013/10/31 | 标准级 | 俞明 | 消费者 | 景德镇 | 10000578 | 家具 | 椅子 | SAFCO|扶手椅, 可调 | 8659.84 | 4 | 0 | 2684.08 | 18325 |
| 2013/10/31 | 标准级 | 俞明 | 消费者 | 景德镇 | 10001629 | 办公用品 | 纸张 | GreenBar|计划信息表, 多色 | 588 | 5 | 0 | 46.9 | 18325 |

图 3-11　清洗结果

33

任务流程：　　　　　　　　　　　　　　具体清洗规则与步骤：

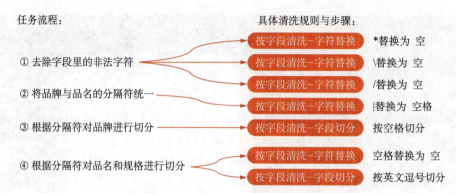

图 3-12　字段拆分

图 3-13　选择数据源

**步骤一：** 去除字段里的非法字符和分隔符。

单击【任务：受欢迎商品分析－产品名称切分】按钮，单击【开始任务】按钮，进入数据清洗页面，单击【选择数据源】按钮，下拉选择"超市销售数据"（注：也可以将上一步清洗后的结果在此处上传），单击【保存】按钮，如图 3-13 所示。

单击【配置按字段清洗规则】按钮，单击【添加规则】按钮，选择"字符替换"－"产品名称"，将"*"替换为空（什么也不输入），将"/"替换为空（什么也不输入），将"\"替换为空（什么也不输入），如图 3-14 所示。

【注意】将"|"替换为空格（空格需要输入，按空格键），如图 3-15 所示。

图 3-14　字符替换为空

图 3-15　字符替换为空格

单击【保存】按钮,单击【开始清洗】按钮,清洗完成,查看清洗结果,"产品名称"列中的特殊字符都被清理了,如图 3-16 所示。

| 行ID | 订单ID | 订单日期 | 发货日期 | 邮寄方式 | 客户ID | 细分 | 城市 | 产品ID | 类别 | 子类别 | 产品名称 | 销售额 |
|---|---|---|---|---|---|---|---|---|---|---|---|---|
| 1 | US-2015-1357144 | 2015/04/28 | 2015/04/30 | 二级 | 曾惠-14485 | 公司 | 杭州 | 10002717 | 办公用品 | 用品 | Fiskars 剪刀,蓝色 | 129.696 |
| 2 | CN-2015-1973789 | 2015/06/16 | 2015/06/20 | 标准级 | 许安-10165 | 消费者 | 内江 | 10004832 | 办公用品 | 信封 | GlobeWeis 搭扣信封,红色 | 125.44 |
| 3 | CN-2015-1973789 | 2015/06/16 | 2015/06/20 | 标准级 | 许安-10165 | 消费者 | 内江 | 10001505 | 办公用品 | 装订机 | Cardinal 孔加固材料,回收 | 31.92 |
| 4 | US-2015-3017568 | 2015/12/10 | 2015/12/14 | 标准级 | 宋良-17170 | 公司 | 镇江 | 10003746 | 办公用品 | 用品 | Kleencut 开信刀,工业 | 321.216 |
| 5 | CN-2014-2975416 | 2014/05/31 | 2014/06/02 | 二级 | 万兰-15730 | 消费者 | 汕头 | 10003452 | 办公用品 | 器具 | KitchenAid 搅拌机,黑色 | 1375.92 |
| 6 | CN-2013-4497736 | 2013/10/27 | 2013/10/31 | 标准级 | 俞明-18325 | 消费者 | 景德镇 | 10001640 | 技术 | 设备 | 柯尼卡 打印机,红色 | 11129.58 |
| 7 | CN-2013-4497736 | 2013/10/27 | 2013/10/31 | 标准级 | 俞明-18325 | 消费者 | 景德镇 | 10001029 | 办公用品 | 装订机 | Ibico 订书机,实惠 | 479.92 |
| 8 | CN-2013-4497736 | 2013/10/27 | 2013/10/31 | 标准级 | 俞明-18325 | 消费者 | 景德镇 | 10000578 | 家具 | 椅子 | SAFCO 扶手椅,可调 | 8659.84 |
| 9 | CN-2013-4497736 | 2013/10/27 | 2013/10/31 | 标准级 | 俞明-18325 | 消费者 | 景德镇 | 10001629 | 办公用品 | 纸张 | GreenBar 计划信息表,多色 | 588 |

图 3-16 第一次清洗结果

单击【下载】按钮,将该清洗结果下载到本地。

**步骤二**:将"产品名称"切分为两列,分别为"品牌"和"品名规格"。

单击【退回】按钮,回到数据清洗页面,如图 3-17 所示。

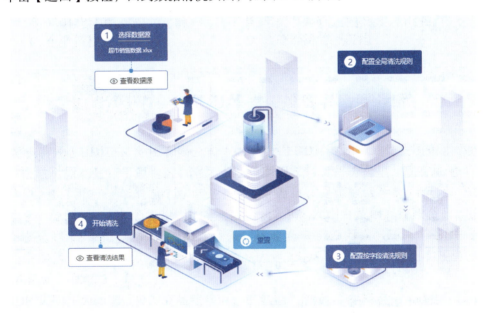

图 3-17 数据清洗页面

单击【重置】按钮,重新选择数据源,单击【上传数据】按钮,将上一步下载的数据表进行上传,如图 3-18 所示。

单击【配置按字段清洗规则】按钮,单击【添加规则】按钮,选择"字段切分",切分字段为"产品名称",切分分隔符为空格(按空格键输入),切分后的字段名分别为"品牌""品名规格",如图 3-19 所示。

单击【保存】按钮,单击【开始清洗】按钮,系统执行清洗任务,清洗完成后单击【查看清洗结果】按钮,可以看到新拆分的"品牌"和"品名规格"两列,如图 3-20 所示。

图 3-18 数据上传

图 3-19 设置清洗规则

| 日期 | 发货日期 | 邮寄方式 | 客户 ID | 细分 | 城市 | 产品 ID | 类别 | 子类别 | 品牌 | 销售额 | 数量 | 折扣 | 利润 | 品名规格 |
|---|---|---|---|---|---|---|---|---|---|---|---|---|---|---|
| 04/28 | 2015/04/30 | 二级 | 曾惠-14485 | 公司 | 杭州 | 10002717 | 办公用品 | 用品 | Fiskars | 129.696 | 2 | 0.4 | -60.704 | 剪刀, 蓝色 |
| 06/16 | 2015/06/20 | 标准级 | 许安-10165 | 消费者 | 内江 | 10004832 | 办公用品 | 信封 | GlobeWeis | 125.44 | 2 | 0 | 42.56 | 搭扣信封, 红色 |
| 06/16 | 2015/06/20 | 标准级 | 许安-10165 | 消费者 | 内江 | 10001505 | 办公用品 | 装订机 | Cardinal | 31.92 | 2 | 0.4 | 4.2 | 孔加固材料, 回收 |
| 12/10 | 2015/12/14 | 标准级 | 宋良-17170 | 公司 | 镇江 | 10003746 | 办公用品 | 用品 | Kleencut | 321.216 | 4 | 0.4 | -27.104 | 开信刀, 工业 |
| 05/31 | 2014/06/02 | 二级 | 万兰-15730 | 消费者 | 汕头 | 10003452 | 办公用品 | 器具 | KitchenAid | 1375.92 | 3 | 0 | 550.2 | 搅拌机, 黑色 |
| 10/27 | 2013/10/31 | 标准级 | 俞明-18325 | 消费者 | 景德镇 | 10001640 | 技术 | 设备 | 柯尼卡 | 11129.58 | 9 | 0 | 3783.78 | 打印机, 红色 |
| 10/27 | 2013/10/31 | 标准级 | 俞明-18325 | 消费者 | 景德镇 | 10001029 | 办公用品 | 装订机 | Ibico | 479.92 | 2 | 0 | 172.76 | 订书机, 实惠 |
| 10/27 | 2013/10/31 | 标准级 | 俞明-18325 | 消费者 | 景德镇 | 10000578 | 家具 | 椅子 | SAFCO | 8659.84 | 4 | 0 | 2684.08 | 扶手椅, 可调 |
| 10/27 | 2013/10/31 | 标准级 | 俞明-18325 | 消费者 | 景德镇 | 10001629 | 办公用品 | 纸张 | GreenBar | 588 | 5 | 0 | 46.9 | 计划信息表, 多色 |

图 3-20 第二次清洗结果

单击【下载】按钮,将清洗结果保存到本地。

**步骤三**:将"品名规格"列切分为"品名"和"规格"两列。

单击【退回】按钮,回到数据清洗页面,单击【重置】按钮,重新选择数据源,单击【上传数据】按钮,将上一步下载的数据表进行上传,如图 3-21 所示。

单击【配置按字段清洗规则】按钮,单击【添加规则】按钮,选择"字符替换",字段为"品名规格",空格(输入空格键),替换为空(什么也不输);再次单击【添加规则】按钮,选择"字段切分",字段为"品名规格",切分分隔符为英文的逗号,切分后的字段名为"品名"和"规格",如图 3-22 所示。

图 3-21　上传数据表　　　　　　图 3-22　清洗规则设置

单击【保存】按钮，单击【开始清洗】按钮，系统执行清洗任务，清洗完成后单击【查看清洗结果】按钮，可以看到新拆分的"品名"和"规格"两列，如图 3-23 所示。

| 发货日期 | 邮寄方式 | 客户ID | 细分 | 城市 | 产品ID | 类别 | 子类别 | 品牌 | 销售额 | 数量 | 折扣 | 利润 | 品名 | 规格 |
|---|---|---|---|---|---|---|---|---|---|---|---|---|---|---|
| 2015/04/30 | 二级 | 曾惠-14285 | 公司 | 杭州 | 10002717 | 办公用品 | 用品 | Fiskars | 129.696 | 2 | 0.4 | -60.704 | 剪刀 | 蓝色 |
| 2015/06/20 | 标准级 | 许安-10165 | 消费者 | 内江 | 10004832 | 办公用品 | 信封 | GlobeWeis | 125.44 | 2 | 0 | 42.56 | 搭扣信封 | 红色 |
| 2015/06/20 | 标准级 | 许安-10165 | 消费者 | 内江 | 10001505 | 办公用品 | 装订机 | Cardinal | 31.92 | 2 | 0.4 | 4.2 | 孔加固材料 | 回收 |
| 2015/12/14 | 标准级 | 宋良-17170 | 公司 | 镇江 | 10003746 | 办公用品 | 用品 | Kleencut | 321.216 | 4 | 0.4 | -27.104 | 开信刀 | 工业 |
| 2014/06/02 | 二级 | 万兰-15730 | 消费者 | 汕头 | 10003452 | 办公用品 | 器具 | KitchenAid | 1375.92 | 3 | 0 | 550.2 | 搅拌机 | 黑色 |
| 2013/10/31 | 标准级 | 俞明-18325 | 消费者 | 景德镇 | 10001640 | 技术 | 设备 | 柯尼卡 | 11129.58 | 9 | 0 | 3783.78 | 打印机 | 红色 |
| 2013/10/31 | 标准级 | 俞明-18325 | 消费者 | 景德镇 | 10001029 | 办公用品 | 装订机 | Ibico | 479.92 | 2 | 0 | 172.76 | 订书机 | 实惠 |
| 2013/10/31 | 标准级 | 俞明-10325 | 消费者 | 景德镇 | 10000578 | 家具 | 椅子 | SAFCO | 8659.84 | 4 | 0 | 2684.08 | 扶手椅 | 可调 |
| 2013/10/31 | 标准级 | 俞明-18325 | 消费者 | 景德镇 | 10001629 | 办公用品 | 纸张 | GreenBar | 588 | 5 | 0 | 46.9 | 计划信息表 | 多色 |
| 2013/10/31 | 标准级 | 俞明-18325 | 消费者 | 景德镇 | 10004801 | 办公用品 | 系固件 | Stockwell | 154.28 | 2 | 0 | 33.88 | 橡皮筋 | 整包 |

图 3-23　第三次清洗结果

单击【下载】按钮，将清洗结果下载保存到本地。

## 任务 3.3　数 据 集 成

### 任务 3.3.1　认知数据集成的概念

从广义上来说，在企业中，由于开发时间或开发部门不同，往往有多个异构的、运行在不同的软硬件平台上的信息系统同时运行，这些系统的数据源彼此独立、相互封闭，这使得数据难以在系统之间进行交流、共享和融合，从而形成了"信息孤岛"。随着信息化应用的不断深入，企业内部、企业与外部信息交互的需求日益强烈，急切需要对已有信息进行整合，联通"信息孤岛"，共享数据信息。针对这些信息数据进行整合的一系列方案被称为数据集成。

从狭义上来说，数据集成是一个将多份数据整合成数据集的过程和方法。通过综合各数据源，将具有不同结构、不同属性的数据合并，存放在一个一致的数据存储中，例如存放在数据仓库中。这些数据源可能包括多个数据库、数据立方体或一般文件，以产生更高的数据价值和更丰富的数据。

数据集成最常见的两种方法为数据关联与数据合并。前者用于将不同数据内容的表格根据条件进行左右连接，后者用于将相同或相似数据内容的表格进行上下连接，如图 3-24 所示。

【讨论】数据集成过程中需要处理的问题有哪些？

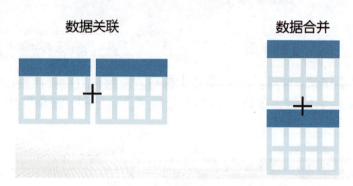

图 3-24　数据集成的两种方法

### 任务 3.3.2　认知数据集成的主要内容

**1. 数据关联**

（1）数据关联的概念

数据关联必须有关联条件，一般是指左表的主键或其他唯一约束字段（即没有重复值）与右表的主键或其他唯一约束字段相等（相同），即表之间有关键字段（列名），不同的表根据列名将数据进行关联。

（2）数据关联的方式

数据关联有左连接、右连接、内连接、全连接四种方式，如图 3-25 所示。

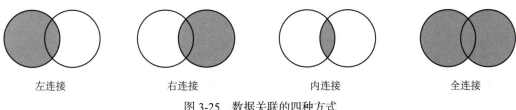

图 3-25　数据关联的四种方式

① 左连接。左连接是以左表为基础，根据两表的关联条件将两表连接起来。其结果会将左表所有的数据条目列出，而右表只列出满足左表关联条件的部分。左连接全称为左外连接，属于外连接的一种方式，如图 3-26 所示。

② 右连接。右连接是以右表为基础，根据两表的关联条件将两表连接起来。其结果会将右表所有的数据条目列出，而左表只列出满足右表关联条件的部分。右连接全称为右外连接，属于外连接的一种方式，如图 3-27 所示。

| ID | A | B | C |
|---|---|---|---|
| 1 | 11 | 21 | 31 |
| 2 | 12 | 22 | 32 |
| 3 | 13 | 23 | 33 |

➕

| ID | D | E | F |
|---|---|---|---|
| 2 | 42 | 52 | 62 |
| 3 | 43 | 53 | 63 |
| 4 | 44 | 54 | 64 |

| ID | A | B | C | D | E | F |
|---|---|---|---|---|---|---|
| 1 | 11 | 21 | 31 | | | |
| 2 | 12 | 22 | 32 | 42 | 52 | 62 |
| 3 | 13 | 23 | 33 | 43 | 53 | 63 |

图 3-26　左连接

| ID | A | B | C |
|---|---|---|---|
| 1 | 11 | 21 | 31 |
| 2 | 12 | 22 | 32 |
| 3 | 13 | 23 | 33 |

➕

| ID | D | E | F |
|---|---|---|---|
| 2 | 42 | 52 | 62 |
| 3 | 43 | 53 | 63 |
| 4 | 44 | 54 | 64 |

| ID | A | B | C | D | E | F |
|---|---|---|---|---|---|---|
| 2 | 12 | 22 | 32 | 42 | 52 | 62 |
| 3 | 13 | 23 | 33 | 43 | 53 | 63 |
| 4 | | | | 44 | 54 | 64 |

图 3-27　右连接

③ 内连接。内连接只显示满足关联条件的左右两表的数据记录，不符合条件的数据不显示，如图 3-28 所示。

图 3-28 内连接

④ 全连接。全连接是指将满足关联条件的左右表数据相连，但不满足条件的各表数据仍被保留，两表之间没有对应数据的内容为空值，如图 3-29 所示。

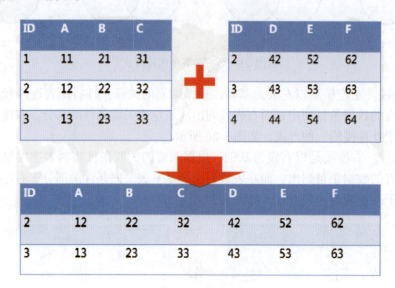

图 3-29 全连接

## 2. 数据合并

数据合并也称数据追加，是指将多个具有基本相同字段的数据上下连接起来。例如，如果两个数据库表格对应的字段是相同的，那么可以对这两个表进行上下连接，如图 3-30 所示。

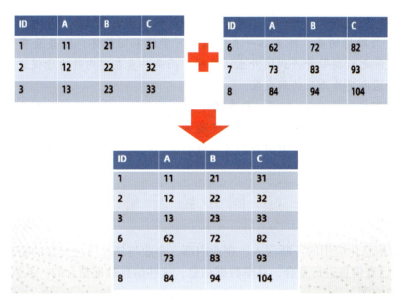

图 3-30 数据合并

### 情境元素

与时俱进　推陈出新

### 思政情境

数据集成的技术需要根据业务场景的变化，不断与时俱进，推陈出新。

### 情境链接

在当今科技时代，世界各国都在竞相争夺科技领域的发展成果，其中人工智能是备受瞩目的一个重要领域。如今这一赛道已经非常拥挤，但是并没有一个国家拥有绝对领先的优势，在各国竞争水平相近的背景下，人工智能也成为竞争激烈的一大行业。在人工智能领域，最关键的部分就是芯片，如今中国又新添一位顶级科学家，他靠研究芯片而享誉全球，如今他的身价高达 175 亿元，此人就是陈天石。

陈天石凭借过人的学习天赋成为中科院计算机所的研究员和博士生导师，当陈天石意识到，在金融、制造及互联网这些行业中，传统劳动力不断面临着被淘汰的局面，很多管理者都在竞相引进大批人工智能应用。与传统劳动力相比，人工智能具有智能化、精准度高且性价比高的优势，可真正能够让人工智能发挥作用，就在于芯片支持，芯片的好坏直接决定着人工智能的发展高度。因此，在确定方向以后，陈天石果断参与国家龙芯芯片的研究，而他正是当年"AI+芯片"设计的提出者。

为了能够帮助我国开拓科学发展道路，陈天石还专门打造了深度学习处理器原型芯片，这是整个国际社会中尚且处于空白的领域，他凭借着此举做到了"全球第一"。陈天石的成功给大家带来了新希望，也让我们看到了人工智能领域发展的可能，他为大众展示了一系列有价值的研究成果，并获得了世界级处理器架构领域的荣誉。此时的陈天石可谓功成名就。但更为难得的是，陈天石一直保留着可贵的家国情怀，他并没有像其他名人一样，在有所成就之后携带资产到国外生活享受，而是一直在国内致力于促进祖国的长远发展，努力推动国内芯片产业的新成果。

在他担任寒武纪的CEO期间，与我国华为公司合作，共同联合研发攻关，推出了麒麟970。这一芯片的推出给中国芯片行业发展带来了新希望，甚至整个行业都因此引发了新震荡，他们凭借着此举一改中国在芯片领域的被动局面。

## 同步练习

1. 随着信息化应用的不断深入，企业内部、企业与外部信息交互的需求日益强烈，急切需要对已有信息进行整合，共享数据信息，这些信息数据整合的一系列方案被称为（　　）。（单选题）

　　A. 数据清洗　　　B. 数据集成　　　C. 数据采集　　　D. 数据挖掘

2. 将多份数据字段基本完全相同的数据进行上下连接的数据集成方法是（　　）。（单选题）

　　A. 数据关联　　　B. 数据内连接　　C. 数据左连接　　D. 数据追加

3. 将不同数据内容的表格根据条件进行左右连接的方法是（　　）。（单选题）

　　A. 数据关联　　　B. 数据合并　　　C. 数据追加　　　D. 以上均不正确

4. 将满足关联条件的左右表数据相连，但不满足条件的各表数据仍保留，两表之间无对应数据的内容为空值的数据关联方法是（　　）。（单选题）

　　A. 数据内连接　　B. 数据全连接　　C. 数据左连接　　D. 数据右连接

## 任务 3.4　实战演练——数据集成

**【案例背景】** B公司的数据分析师对清洗后的超市销售数据表进行统计，从省份和大区的维度计算销售额。数据表中只有"城市"的数据，没有省份和大区的数据，如图3-31所示。

数据分析师做了两张表：城市表和省区表，城市表是城市和省区的对应表，超市销售情况表中的每一个城市都有对应的省区，如图3-32所示。

### 任务 3.4.1　数据关联

**步骤一：** 数据上传。

进入DBE财务大数据的课程平台，单击【数据集成实战演练】→【数据关联】→【超市数据与地区数据关联】→【开始任务】按钮，系统自动跳转至用友分析云界面。超市数据清洗结果表、城市表、省区表已在分析云中内置，单击【数据准备】→【数据集】→

【财务大数据】→【数据集成】目录，找到要进行数据关联的三张表：“超市数据清洗结果表”“城市表”“省区表”，将下载的三张表上传到分析云。

| G | H | I | J | K | L | M | N | O |
|---|---|---|---|---|---|---|---|---|
| 细分 | 城市 | 产品 ID | 类别 | 子类别 | 产品名称 | 销售额 | 数量 | 折扣 |
| 公司 | 杭州 | 10002717 | 办公用品 | 用品 | Fiskars 剪刀，*蓝色 | 129.696 | 2 | 0.4 |
| 消费者 | 内江 | 10004832 | 办公用品 | 信封 | GlobeWeis *搭扣信封，红色 | 125.44 | 2 | 0 |
| 消费者 | 内江 | 10001505 | 办公用品 | 装订机 | Cardinal 孔加固材料，回收 | 31.92 | 2 | 0.4 |
| 公司 | 镇江 | 10003746 | 办公用品 | 用品 | Kleencut 开信刀，工业 | 321.216 | 4 | 0.4 |
| 消费者 | 汕头 | 10003452 | 办公用品 | 器具 | KitchenAid 搅拌机，黑色 | 1375.92 | 3 | 0 |
| 消费者 | 景德镇 | 10001640 | 技术 | 设备 | 柯尼卡 打印机，红色 | 11129.58 | 9 | - |
| 消费者 | 景德镇 | 10001029 | 办公用品 | 装订机 | Ibico\|订书机，实惠 | 479.92 | 2 | 0 |
| 消费者 | 景德镇 | 10000578 | 家具 | 椅子 | SAFCO\|扶手椅，可调 | 8659.84 | 4 | 0 |
| 消费者 | 景德镇 | 10001629 | 办公用品 | 纸张 | GreenBar\|计划信息表，多色 | 588 | 5 | 0 |
| 消费者 | 景德镇 | 10004801 | 办公用品 | 系固件 | Stockwell 橡皮筋，整包 | 154.28 | 2 | 0 |
| 小型企业 | 榆林 | 10000001 | 技术 | 设备 | 爱普生 计算器，耐用 | 434.28 | 2 | 0 |
| 消费者 | 哈尔滨 | 10002416 | 技术 | 复印机 | 惠普 墨水，红色 | 2368.8 | 4 | 0 |
| 消费者 | 青岛 | 10000017 | 办公用品 | 信封 | Jiffy\|局间信封，银色 | 683.76 | 3 | 0 |
| 消费者 | 青岛 | 10004920 | 技术 | 配件 | SanDisk 键区，可编程 | 1326.5 | 5 | 0 |
| 消费者 | 青岛 | 10004349 | 技术 | 电话 | 诺基亚 充电器，蓝色 | 5936.56 | 2 | 0 |
| 公司 | 徐州 | 10003582 | 办公用品 | 器具 | KitchenAid 冰箱，黑色 | 10336.452 | 7 | 0.4 |
| 公司 | 徐州 | 10004648 | 办公用品 | 标签 | Novimex 圆形标签，红色 | 85.26 | 3 | 0 |
| 消费者 | 上海 | 10001200 | 技术 | 配件 | Memorex 键盘，实惠 | 2330.44 | 7 | 0 |
| 消费者 | 上海 | 10000039 | 办公用品 | 用品 | Acme 尺子，工业 | 85.54 | 1 | |
| 消费者 | 上海 | 10004589 | 办公用品 | 装订机 | Avery 孔加固材料，耐用 | 137.9 | 5 | 0 |
| 消费者 | 上海 | 10004369 | 办公用品 | 装订机 | Cardinal 装订机，回收 | 397.32 | 6 | 0 |
| 消费者 | 上海 | 10002777 | 技术 | 电话 | 三星 办公室电话机，整包 | 2133.46 | 7 | - |
| 消费者 | 上海 | 10002045 | 技术 | 复印机 | Hewlett 传真机，数字化 | 4473.84 | 3 | 0 |
| 消费者 | 上海 | 10004353 | 办公用品 | 用品 | Elite 开信刀，工业 | 269.92 | 2 | |
| 公司 | 温岭 | 10004730 | 家具 | 书架 | Sauder 书架，金属 | 1638.336 | 4 | 0.4 |
| 公司 | 温岭 | 10002386 | 家具 | 椅子 | OfficeStar 摇椅，可调 | 1204.56 | 3 | 0.4 |
| 公司 | 温岭 | 10003889 | 办公用品 | 系固件 | OIC 图钉，金属 | 198.66 | 5 | 0.4 |
| 公司 | 温岭 | 10003118 | 办公用品 | 系固件 | Accos 图钉，混合尺寸 | 249.312 | 8 | 0.4 |
| 公司 | 温岭 | 10002717 | 办公用品 | 用品 | Fiskars 剪刀，蓝色 | 389.088 | 6 | 0.4 |
| 公司 | 温岭 | 10003585 | 技术 | 配件 | 罗技 路由器，实惠 | 692.496 | 1 | 0.4 |
| 公司 | 温岭 | 10001174 | 家具 | 用具 | Tenex 灯泡，黑色 | 106.008 | 2 | 0.4 |
| 消费者 | 上海 | 10004816 | 办公用品 | 装订机 | WilsonJones 标签，回收 | 158.9 | 5 | 0 |

图 3-31　超市销售情况表

| | A | B |
|---|---|---|
| 1 | 城市 | 省/自治区 |
| 2 | 安庆 | 安徽 |
| 3 | 蚌埠 | 安徽 |
| 4 | 亳州 | 安徽 |
| 5 | 巢湖 | 安徽 |
| 6 | 池州 | 安徽 |
| 7 | 滁州 | 安徽 |
| 8 | 阜阳 | 安徽 |
| 9 | 合肥 | 安徽 |
| 10 | 淮北 | 安徽 |
| 11 | 淮南 | 安徽 |
| 12 | 黄山 | 安徽 |
| 13 | 界首 | 安徽 |
| 14 | 鹿城 | 安徽 |
| 15 | 明光 | 安徽 |
| 16 | 濉溪 | 安徽 |
| 17 | 唐寨 | 安徽 |
| 18 | 铜陵 | 安徽 |
| 19 | 无城 | 安徽 |
| 20 | 芜湖 | 安徽 |

| 省/自治区 | 地区 |
|---|---|
| 安徽 | 华东 |
| 澳门 | 台港澳 |
| 北京 | 华北 |
| 福建 | 华东 |
| 甘肃 | 西北 |
| 广东 | 中南 |
| 广西 | 中南 |
| 贵州 | 西南 |
| 海南 | 中南 |
| 河北 | 华北 |
| 河南 | 中南 |
| 黑龙江 | 东北 |
| 湖北 | 中南 |
| 湖南 | 中南 |
| 吉林 | 东北 |
| 江苏 | 华东 |
| 江西 | 华东 |
| 辽宁 | 东北 |
| 内蒙古 | 华北 |

图 3-32　省市销售情况表

**步骤二：**数据关联。

单击【新建】按钮，系统弹出“创建数据集”窗口，选择【关联数据集】，名称设为“超市省区关联”，如图 3-33 所示。

单击【确定】按钮，将“超市数据清洗结果”“省区表”“城市表”依次拖曳到右侧数据编辑区，如图 3-34 所示。

先单击【超市数据清洗结果】按钮，再单击【城市表】按钮，系统弹出“连接”窗口，选择“左连接”，关联字段是“城市”，单击【确定】按钮，如图 3-35 所示。

图 3-33 创建数据集

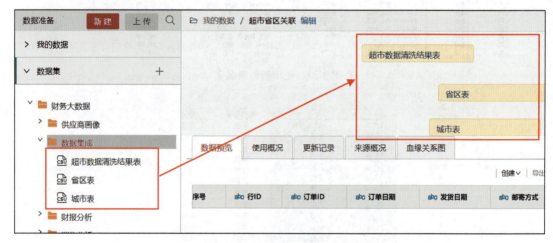

图 3-34 数据表拖入编辑区

图 3-35 表关联（1）

【注意】此次关联是以"超市数据清洗结果"为主表,如果该表在左边,则关联方式选择"左连接";如果该表在右边,则需要选择"右连接"。

单击【城市表】之后再单击【省区表】,系统弹出"连接"窗口,选择"左连接",关联字段是"省自治区",单击【确定】按钮,如图3-36所示。

图 3-36　表关联(2)

【注意】此次关联是以"城市表"为主表,如果该表在左边,则关联方式选择"左连接";如果该表在右边,则需要选择"右连接"。

单击【执行】按钮,系统将三张表连接成一张表,在下方的数据预览区可以看到表中有"省自治区"列和"地区"列,如图3-37所示。

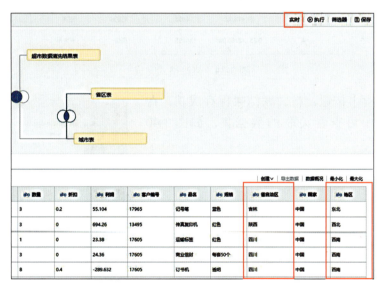

图 3-37　数据关联结果

单击 abc 按钮,修改关联表的"数量""折扣""利润"三列的数据类型,将"abc"格式改为"123"格式(即由文本格式改为数值格式),如图3-38和图3-39所示。

45

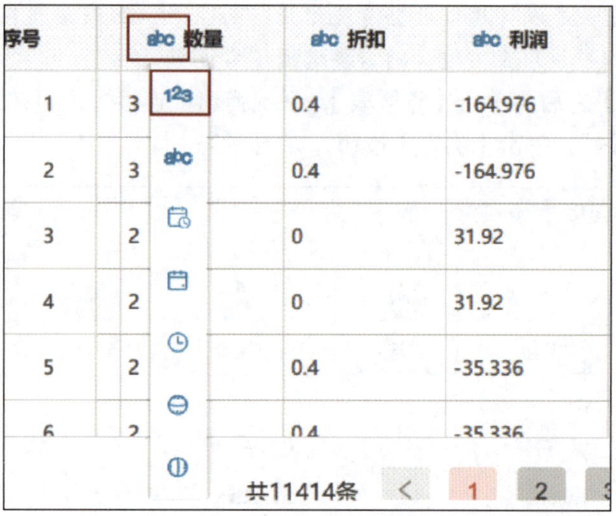


图 3-38　修改数据类型

| 123 数量 | 123 折扣 | abc 利润 | abc 客户编号 | abc 品名 | abc 规格 |
|---|---|---|---|---|---|
| 3 | 0.2 | 55.104 | 17965 | 记号笔 | 蓝色 |
| 3 | 0 | 694.26 | 13495 | 传真复印机 | 红色 |
| 1 | 0 | 23.38 | 17605 | 运输标签 | 红色 |
| 3 | 0 | 24.36 | 17605 | 商业信封 | 每套50个 |
| 8 | 0.4 | -289.632 | 17605 | 订书机 | 透明 |
| 5 | 0.25 | 1806.525 | 12970 | 木桌 | 组装 |
| 3 | 0 | 418.32 | 14485 | 记忆卡 | 耐用 |
| 4 | 0.25 | -2236.08 | 14485 | 圆桌 | 长方形 |

图 3-39　修改格式完成

单击【保存】按钮，将关联结果保存成功，在“我的数据”中可查看关联的数据集，如图 3-40 所示。

图 3-40　超市省区关联结果

## 任务 3.4.2　数据合并

**步骤一：**数据上传。

将 AJHXNL 公司和金岭矿业的利润表上传到分析云。

**步骤二：**合并利润表。

单击【新建】按钮，在弹出的窗口中选择“追加数据集”，输入数据集的名称“AJ 和金岭利润表合并”，单击【确定】按钮，如图 3-41 所示。

选择【数据集】→【金岭矿业利润表】，拖入数据编辑区，弹出“选择所需字段”窗

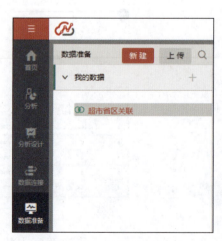

口，选择合并表中要使用的指标，可以将指标全选，也可以仅选择要分析的指标。例如，本次是对比分析营业收入、营业成本、三大费用、投资收益和营业利润，那么只选择这些指标即可，如图 3-42 所示。

图 3-41　追加数据集

图 3-42　选择所需字段

单击【确定】按钮，页面右侧空白区显示出金岭矿业所选的指标字段，如图 3-43 所示。

图 3-43　字段显示（1）

选择【数据集】→【AJHXJL 利润表】，拖入数据编辑区，弹出"选择所需字段"窗口，选择合并表中要使用的指标，指标选择和金岭矿业所选字段一致，如图 3-44 所示。

图 3-44　字段显示（2）

单击【确定】按钮，所选字段显示在数据编辑区，如图 3-45 所示。

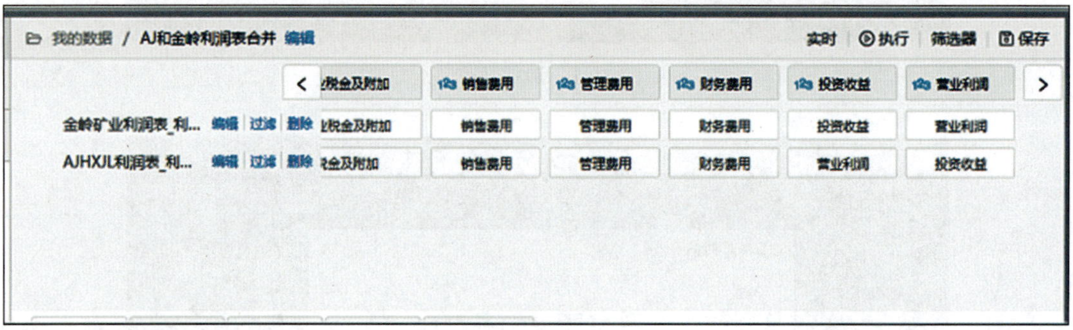

图 3-45　字段显示（3）

检查两个表的项目的对应情况，可以看到金岭矿业的"投资收益"对应了 AJHXJL 公司的"营业利润"，"营业利润"对应了"投资收益"。单击 AJHXJL 公司"营业利润"向下的箭头，选择"投资收益"，再单击"投资收益"向下的箭头，选择"营业利润"，如图 3-46 所示。

图 3-46　字段匹配

项目设置对应完毕，单击【执行】按钮，两张表合并成了一张表，可以在数据预览区看到合并后的表中既有金岭公司的数据，也有 AJHXJL 的数据，如图 3-47 所示。

项目3 数据预处理

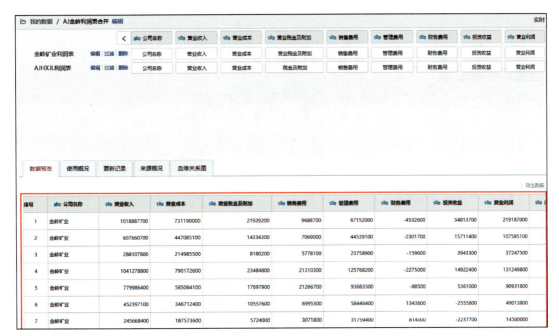

图 3-47 利润表合并

单击【保存】按钮,将以上合并结果保存成功。

# 项目 4 数据可视化

▪ **知识目标**
（1）了解数据可视化。
（2）掌握分析云可视化工具。
（3）了解 Python 可视化。

▪ **技能目标**
（1）能够根据指标特点选取合适的图形呈现数据。
（2）能够根据企业分析要求设计可视化看板。

▪ **素养目标**
（1）培养学生将数据进行可视化呈现的能力。
（2）培养学生的数据思维、用数据说话的能力。

## 思维导图

## 导读

面对海量的数据，如何将其清晰明朗地展现给用户是大数据处理所面临的巨大挑战。虽然对于大数据处理来讲，数据分析与挖掘是主要的核心工作，但是数据使用者通常更关心数据展示的结果。由于在分析大数据时，海量数据的存在和复杂的相关性使得结果难以理解，因此，如何通过图形化、图像化及动画化等技术和方法展示数据显得尤为重要。

## 任务 4.1　认知大数据可视化的概念及工具

### 任务 4.1.1　认知大数据可视化的概念

大数据可视化是关于大数据视觉表现形式的科学技术研究。其主要目的是借助图形手段，清晰、有效地进行传达与沟通信息。其中，数据的可视化表示被定义为一种以某种形式提取的信息，包括相应信息单元的各种属性和变量。

可视化技术不仅能够迅速且有效地简化与提炼数据，还能让用户从复杂的数据中更快、更好地获取到新的发现。在大数据时代，利用形象的图形向用户展示结果已经成了最理想的一种数据展示方式。

可视化分析可以支持故事板和组合报表的创建，支持图和复杂报表。用户只需拖曳组件，并进行相应的配置即可得到数据可视化结果。

【讨论】大数据可视化可以应用于哪些现实场景？

### 任务 4.1.2　知晓大数据可视化的工具

目前市面上大数据可视化工具有很多，下面介绍几款最常见的可视化工具。

#### 1. Tableau

Tableau 是全球知名度很高的数据可视化工具，它具有丰富的数据源支持、灵活的可视化功能和强大的数据图表制作能力。与其他工具相比，Tableau 的可视化效果虽不华丽，但同样出色，而且 Tableau 为用户提供了非常自由的图表制作能力。如果用户会写代码并且愿意花时间，那么他们基本能制作出绝大多数想要的图表。总的来说，使用 Tableau，用户可以轻松地将数据转化成想要的形式。

#### 2. PowerBI

PowerBI 是微软开发的商业分析工具，它可以很好地集成微软的其他办公软件。在 PowerBI 中，用户可以自由地导入任何数据，如文档、网页和各类数据库文件。用户还可以在网页、手机应用上来查看 PowerBI 数据。不过，目前 PowerBI 主推的是个人分析，其在企业级部署和应用上缺少完善的整体解决方案，而且 PowerBI 在安全性、性能、服务上也没有很好的竞争力。

#### 3. 用友分析云

用友分析云是国内一款基于大数据、云计算技术的分析云服务，其致力于为企业提供专业的数据分析解决方案。目前，用友分析云支持 36 种可视化图形，并能根据用户数据特点自动推荐合适的分析图形。用友分析云支持用户根据业务问题把可视化进行串联，形成自定义故事板，以便于在公司内部分享分析结果。用友分析云还可以对不同的用户设置

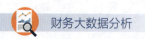

不同的预警值,通过邮件、微信、短信等媒介进行消息推送。

### 情境元素

增强创新意识　追求工匠精神

### 思政情境

通过可视化作品应用于实际,引导学生设计创新的可视化方法,应对新的应用需求和新的数据类型;通过开展相关课程实践操作,引导学生深刻理解理论知识与社会实践需求紧密结合,追求工匠精神。

## 任务 4.2　熟悉大数据可视化的工作流程

一般而言,数据可视化流程可以归纳为五个步骤,但在实际操作中,数据可视化是一个反复迭代的过程,需要反复打磨才能创造出令人满意的可视化作品。

### 1. 明确问题

在进行可视化分析任务时,先要明确目标和待解决的问题,也就是明确希望通过数据可视化展示什么样的分析结果。明确的问题和目标结果能够避免后续操作过程中出现偏离或不相关的分析。

### 2. 建立初步框架

在明确了问题后,可以根据需要展现的数据选取基本的图形,并拟定可视化的展现形式,从而建立一个初步框架。

### 3. 梳理相关指标

要明确传达的信息,应确定最能提供信息的指标。

### 4. 选取合适的图表类型

不同的图形所适用的情形也不同,因此在选择图形时,应针对目标选择最合适的图表类型,这样才能有助于用户理解数据中隐含的信息和规律,从而充分发挥数据可视化的价值。

### 5. 添加引导信息

在展示数据可视化结果时,可以利用颜色、大小、比例、形状、标签、辅助线、预警设置等将用户的注意力引向图表中的关键信息。

## 同步练习

1. 数据可视化主要是指将数据以（　　）形式展示。（单选题）
   A. 数字　　　　　B. 图形和图像　　　C. 视频　　　　　D. 文字
2. （　　）是数据可视化的根本。（单选题）
   A. 需求准确　　　B. 图表合适　　　　C. 数据准确　　　D. 屏幕准确
3. （　　）是数据可视化的战略要素。（单选题）
   A. 数据　　　　　B. 布局　　　　　　C. 颜色　　　　　D. 长度
4. 通常在进行数据可视化设计时，尽量选择与客户公司所倡导的颜色（　　）的色彩作为主色。（单选题）
   A. 相近或一致　　B. 不同　　　　　　C. 相反　　　　　D. 没有关联
5. （　　）适用于展示数据随着时间推移而变化的趋势。（单选题）
   A. 条形图　　　　B. 折线图　　　　　C. 饼图　　　　　D. 散点图

## 任务 4.3　实战演练——可视化分析

【案例背景】2019 年 10 月 8 日，AJHXJL 矿业科技有限公司的管理层计划召开公司月度经营分析会议，财务总监将在会上作经营分析报告。现要求财务分析师设计一个决策看板，以便财务总监进行汇报。

【任务目标】决策看板包括五个可视化图表，分别反映公司的资产状况、客户金额 TOP5、公司营业收入、公司净利润及公司收入结构。

（1）公司的资产状况：展示最近三年的总资产变动趋势和资产负债率的变动趋势。

（2）客户金额 TOP5：展示公司销售额最大的五名客户的销售金额。

（3）公司营业收入：展示 2015—2019 年连续 5 年的收入变动趋势，增加预警线（预警线 =1 800 000 000），辅助线（辅助线为收入平均值）。

（4）公司净利润：展示 2015—2019 年连续 5 年的净利润变动趋势。

（5）公司收入结构：显示公司主营业务收入、其他业务收入、投资收益、营业外收入的比例。

【任务实现】

**步骤一**：数据上传至分析云。

**任务要求**：将分析所用的报表数据上传至分析云，所用报表为：利润表 - AJHXJL、资产负债表 - AJHXJL、客户销售情况表。

**操作指导**：

（1）数据表下载

进入 DBE 财务大数据的课程平台，单击右侧的【教学应用】→【资源下载】按钮，在"可视化设计实战演练"→"某公司经营看板设计"下可以看到要下载的数据表，如

图 4-1 和图 4-2 所示。

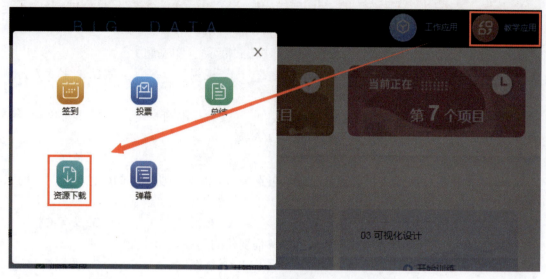

图 4-1　数据表下载（1）

| | | | |
|---|---|---|---|
| 可视化设计实战演练 | 某公司经营看板设计 | 利润表-AJHXJL.xlsx | 下载 |
| | | 资产负债表-AJHXJL.xlsx | 下载 |
| | | 客户销售情况表.xlsx | 下载 |
| | 某医院经营看板设计 | 背景素材与图片.rar | 下载 |
| | | 可视化进阶-某医院数据表(数据结构).xlsx | 下载 |
| | | 仪表盘-代码.zip | 下载 |

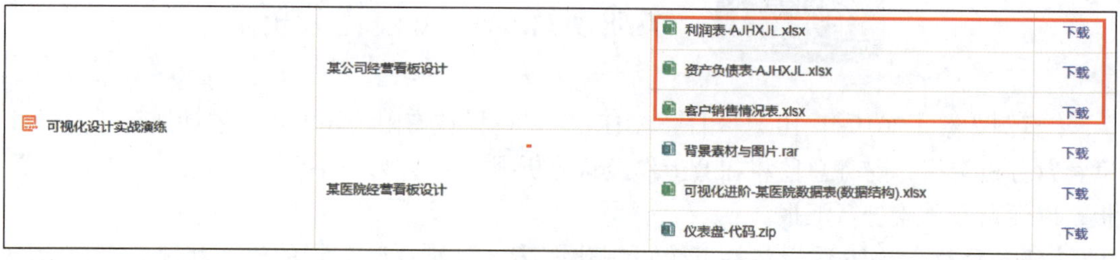

图 4-2　数据表下载（2）

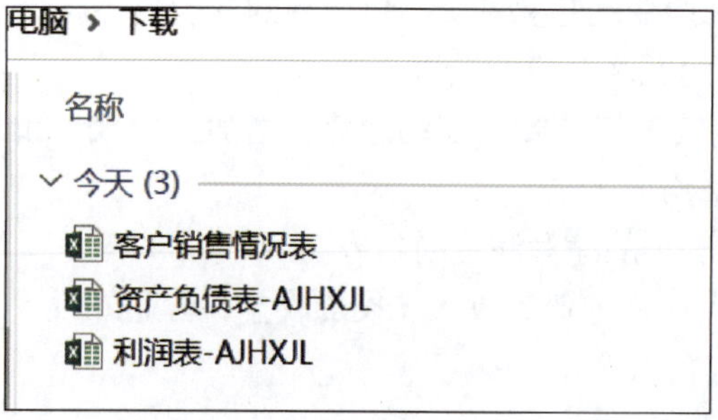

图 4-3　数据表下载地址

单击【下载】按钮，数据表下载到本地，一般是保存在 C:\Users\admin\Downloads 目录下，如图 4-3 所示。

（2）数据上传

单击【首页】按钮，回到 DBE 财务大数据的课程平台的首页界面，进入“可视化实战演练”→“某公司经营看板设计”→“数据准备”，单击【任务 1：数据上传】按钮，进入任务界面，单击【开始任务】按钮，如图 4-4 所示。

系统自动跳转至分析云界面，如图 4-5 所示。

单击左侧的【数据准备】→【上传】按钮，系统弹出“上传数据”窗口，如图 4-6 所示。

单击【选择文件】按钮，打开要上传的文件所在的文件夹，如图 4-7 所示。

项目4 数据可视化

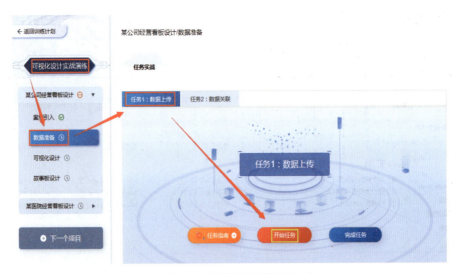

图 4-4 课程任务选择页面

图 4-5 分析云界面

图 4-6 "上传数据"窗口

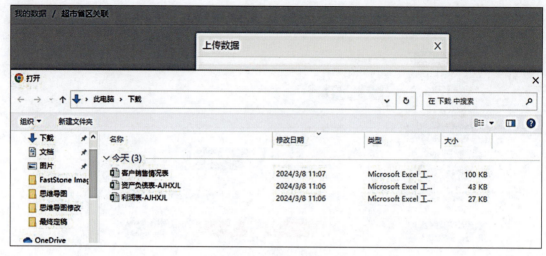

图 4-7 打开文件夹

选择上一步下载的"资产负债表",如图 4-8 所示。

单击【下一步】按钮,选择文件夹"我的数据",如图 4-9 所示。

图 4-8 选择文件

图 4-9 选择文件夹

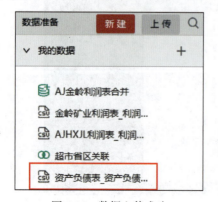

图 4-10 数据上传成功

单击【确定】按钮,数据表上传成功,如图 4-10 所示。

同样的方法,将利润表和客户销售情况表上传。

**步骤二**:数据关联。

**任务要求**:将利润表和资产负债表建立关联。

【注意】数据关联的概念和关联方式的解读在项目 3 有更为详细的介绍,本项目先介绍具体的操作。

**操作指导**:单击左侧的【数据准备】→【新建】按钮,系统弹出"创建数据集"窗口,选择"关联数据集",将名称修改为"资产与利润关联表",如图 4-11 所示。

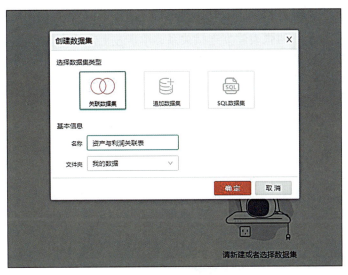

图 4-11 创建数据集

单击【确定】按钮，将"我的数据"下的"资产负债表"和"利润表"拖曳到右侧空白区域（注：选中表后按住鼠标左键向右拖），如图 4-12 所示。

图 4-12 数据表拖曳

单击拖过来的资产负债表和利润表，系统弹出"连接"窗口，如图 4-13 所示。

图 4-13 "连接"窗口

关联方式选择"内连接",关联字段选择"年份",按当前系统默认设置即可,不用修改,单击【确定】按钮。两张表建立连接关系,单击左上方的【执行】按钮,将两张表的数据合并为一张表,在数据预览区可以看到关联后的表,如图4-14所示。

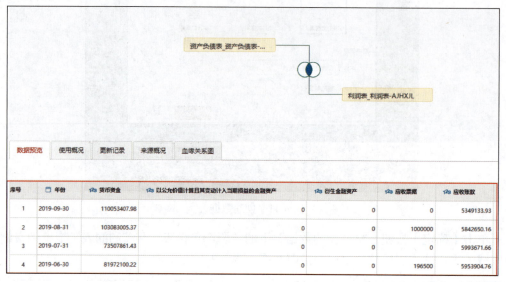

图4-14 数据连接

单击【保存】按钮,将关联表的结果保存成功,在"我的数据"文件夹下新增"资产与利润关联表",如图4-15所示。

**步骤三**:可视化图表设计。

**任务要求**:

(1)公司的资产状况:要求展示最近三年的总资产变动趋势和资产负债率的变动趋势。

(2)客户金额TOP5:要求展示公司销售额最大的五名客户的销售金额。

(3)公司营业收入:要求展示2015—2019年5年的收入变动趋势,增加预警线(预警线=1 800 000 000),辅助线(辅助线为收入平均值)。

(4)公司净利润:要求展示2015—2019年5年的净利润变动趋势。

(5)公司收入结构:要求显示公司主营业务收入、其他业务收入、投资收益、营业外收入的比例。

图4-15 新增关联表

**操作指导**:

(1)创建"公司资产状况"的可视化看板

①建立总资产变动趋势图。

单击左侧的【分析设计】→【新建】按钮,进入"新建故事板"页面,将故事板名称命名为"分析云初体验"(该处名称自定义),选择目录为"我的故事板",如图4-16所示。

项目 4 数据可视化

图 4-16 新建故事板

单击【确认】按钮,进入故事板设计页面,单击【可视化】→【新建】按钮,系统弹出"选择数据集"窗口,选择数据集为"我的数据"→"资产与利润关联表",如图 4-17 所示。

单击【确定】按钮,进入可视化看板设计页面,将左侧"年_年份"拖曳到右侧的"维度"处,将左侧的指标"资产总计"拖曳到右侧的"指标"处,系统默认的图形是柱状图,如图 4-18 所示。

调整时间排序,单击维度"年份"下的向下箭头,选择"升序"→"年_年份",如图 4-19 所示。

排序之后的图形显示,如图 4-20 所示。

② 计算指标"资产负债率"。

资产负债率是一个新指标,在原有的报表项目中没有该指标,需要新增该指标,单击左侧"指标"右边的【+】按钮,出现"计算字段",单击【计算字段】按钮,出现"添加字段"对话框,如图 4-21 所示。

设置名称为"资产负债率",字段类型为"数字",公式为avg(负债合计)/avg(资产总计),单击【确定】按钮,如图 4-22 所示。

图 4-17 选择数据集(1)

59

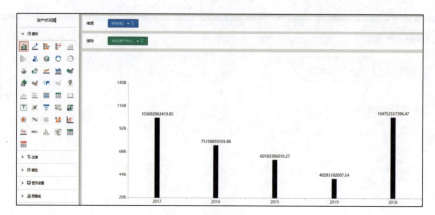

图 4-18 可视化设计

图 4-19 按年份排序

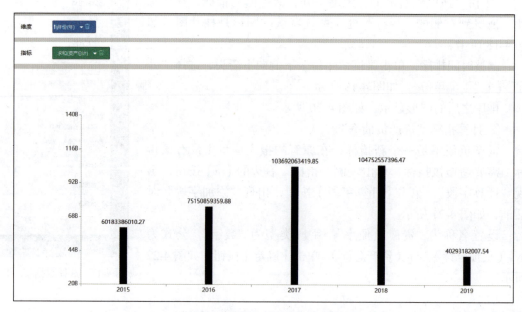

图 4-20 排序之后的资产统计图

项目4 数据可视化

图 4-21 新增计算字段

图 4-22 字段设置

将新建的"资产负债率"拖曳到"指标"处,如图4-23所示。

③ 调整图形显示。

当两个指标的数据相差很大时,传统的柱状图就不再合适显示,这时可以选用"双轴

61

图"。双轴图是指有多个（≥2）Y轴的数据图表，多为柱状图和折线图的结合，使图表显示更为直观，适合分析两个相差较大的数据。

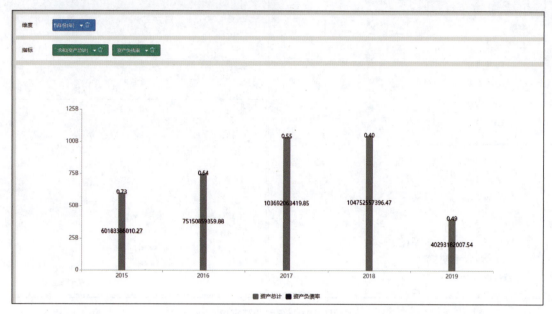

图 4-23　添加指标

在图形区选择"双轴图"图标，图形自动变更为双轴图显示，如图 4-24 所示。

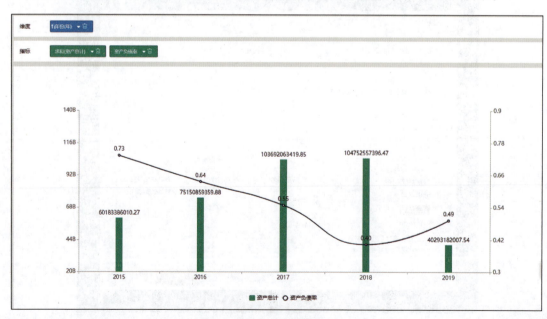

图 4-24　双轴图

④ 设置过滤条件，只显示三年（2017、2018、2019）的数据。

单击【过滤】按钮，弹出"添加过滤条件"窗口，单击【按条件添加】按钮，选择"年_年份"，包含"2017、2018、2019"，如图 4-25 所示。

图 4-25  添加过滤条件

单击【确定】按钮,可视化图形变更,只显示 2017 年、2018 年、2019 年的数据值,如图 4-26 所示。

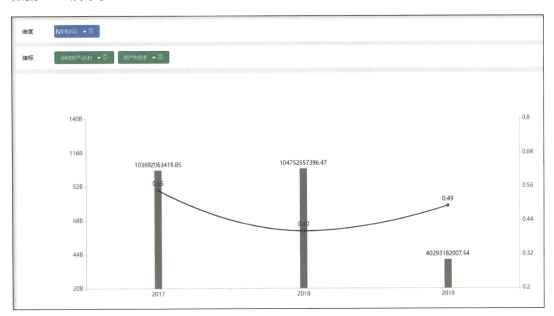

图 4-26  条件过滤后的图表

最后,将该看板的名称修改为"公司资产状况",如图 4-27 所示。

单击【保存】按钮,将该看板设置保存成功,单击【退出】按钮,回到故事板设置页面,第一个可视化看板设计完成,如图 4-28 所示。

(2)创建"客户金额 TOP5"的看板

单击【可视化】→【新建】按钮,选择数据集为"客户销售情况表",如图 4-29 所示。

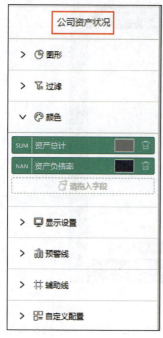

图 4-27 看板重命名

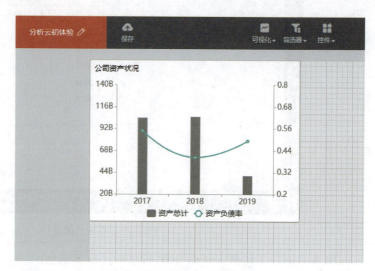

图 4-28 故事板设置页面

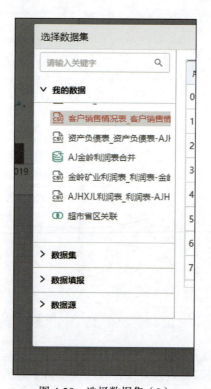

图 4-29 选择数据集（2）

进入可视化设计页面，将可视化命名为"客户金额 TOP5"，维度选择"客户档案名称"，指标选择"金额"，如图 4-30 所示。

项目 4 数据可视化

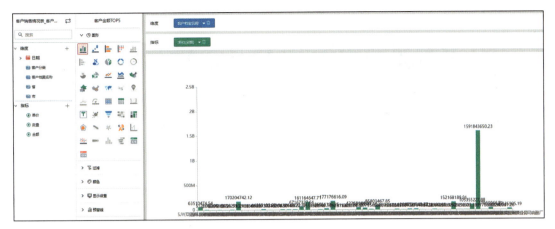

图 4-30 维度指标设置

将图形改为"条形图",金额按升序排列,如图 4-31 所示。

单击【显示设置】按钮,勾选显示后"5",如图 4-32 所示。

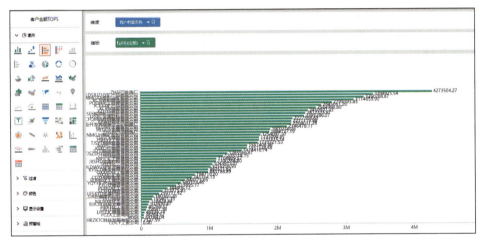

图 4-31 按升序排列

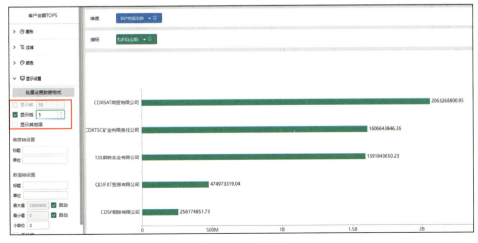

图 4-32 显示设置

单击【保存】按钮，单击【退出】按钮，第二个看板设计完毕，如图4-33所示。

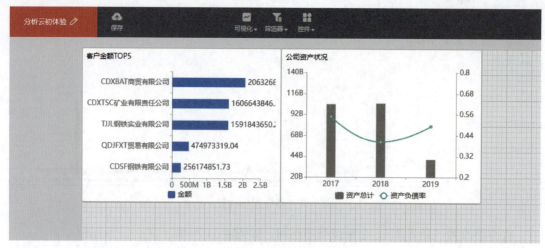

图4-33 故事板页面

图4-34 选择数据集（3）

【注意】新增的看板有时会覆盖已有的看板，选中新增看板，向右或向下拖动即可显示被覆盖的看板。

（3）创建"公司营业收入"的看板

① 设计公司5年营业收入趋势图。

单击【可视化】→【新建】按钮，数据表选择"资产与利润关联表"，如图4-34所示。

进入可视化看板设计页面，维度选择"年_年份"，指标选择"营业收入"，图形选择"折线图"，如图4-35所示。

② 设置辅助线。

将营业收入的平均值作为辅助线显示。单击【辅助线】，将指标"营业收入"拖曳到辅助线下面，系统弹出"设置辅助线"窗口。辅助线计算方式选择"计算线"→"平均值"，颜色设置为绿色，如图4-36所示。

单击【确认】按钮，辅助线显示在可视化图形中，如图4-37所示。

③ 设置预警提示。

当营业收入小于18亿元时，系统自动发布预警信息。单击【预警线】按钮，将指标"营业收入"拖曳到辅助线下面，系统弹出"设置指标预警"窗口。单击【添加条件格式】按钮，设置营业收入小于1 800 000 000元，如图4-38所示。

单击【下一步】按钮，选择预警通知的人员，如图4-39所示。

单击【下一步】按钮，设置预警级别、预警线颜色、预警内容等，如图4-40所示。

项目 4 数据可视化

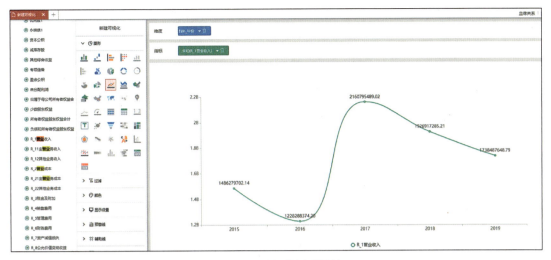

图 4-35 可视化图形设计

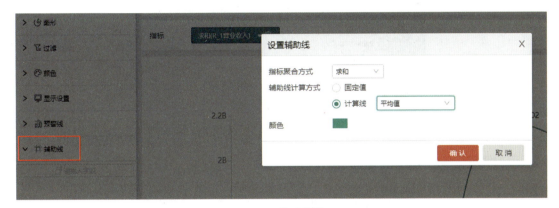

图 4-36 辅助线设置

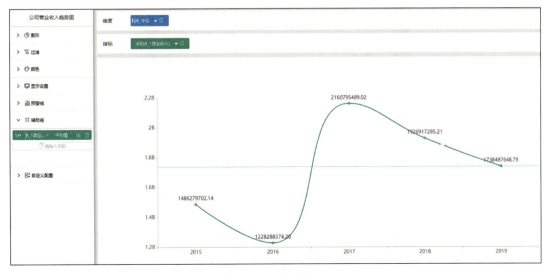

图 4-37 辅助线显示

图 4-38 预警条件设置

图 4-39 预警人员设置

图 4-40 预警内容设置

单击【确认】按钮，可视化页面增加预警线显示，如图 4-41 所示。

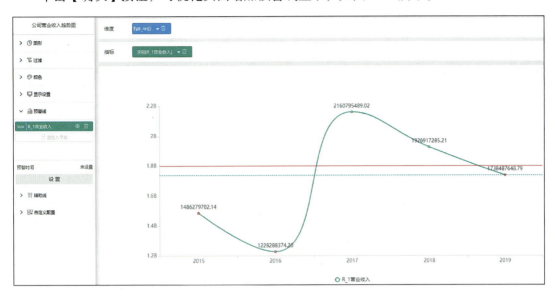

图 4-41　预警线显示

第四个看板"公司净利润"和第五个看板"公司收入结构"，学员自行完成。在设计看板"公司收入结构"时，注意维度为空，不用选择年份等时间。

**步骤四：故事板设计。**

**任务要求：**

（1）将可视化图形在故事板中排序，调整图形大小、颜色、字体和底色等。

（2）在故事板中添加筛选，按时间筛选查看某一期间的数据。

**操作指导：**

（1）设置故事板主题

回到故事板界面，将可视化图形按业务逻辑排序，如图 4-42 所示。

图 4-42　可视化图形排序

将鼠标放在可视化图形之外的空白方格处，右侧出现"画布"设置区域，可以在此处设置画布的尺寸大小，如图4-43所示。

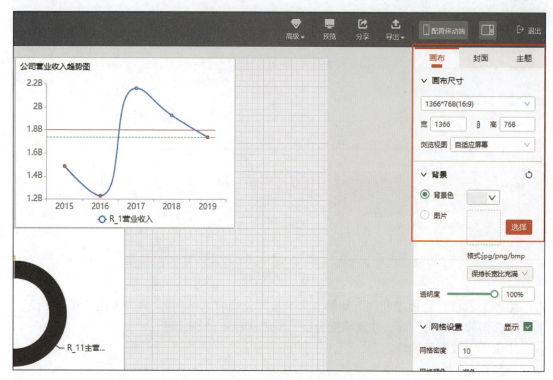

图4-43　画布调整

单击右侧的【主题】按钮，选择"暗色主题"，故事板的主题颜色变更为暗色显示，如图4-44所示。

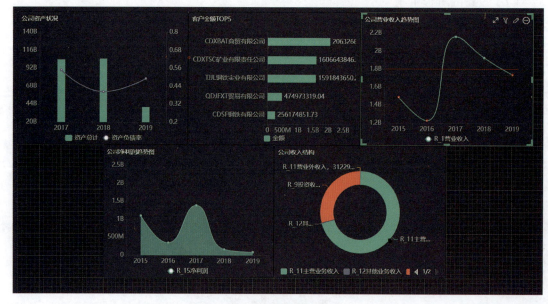

图4-44　设置主题

（2）添加筛选器

在故事板上设置查询条件，比如查看某一年的资产状况和利润收入情况，可以通过添加筛选器的功能实现。

单击【筛选器】→【树形筛选器】→【树下拉】按钮，如图4-45所示。

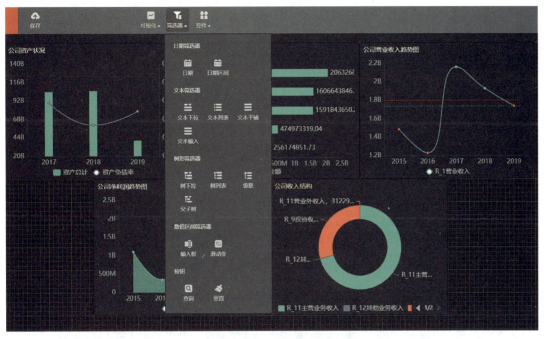

图4-45　添加筛选器

右侧数据源选择"资产与利润关联表"，如图4-46所示。

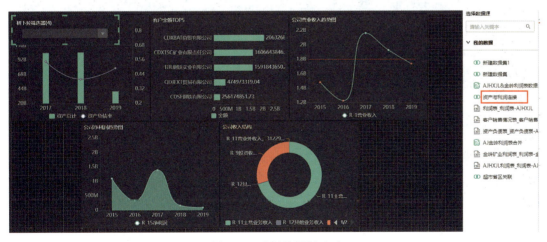

图4-46　选择数据源（1）

将"年_年份"拖曳到"筛选字段"下，如图4-47所示。

图 4-47 选择数据源（2）

在"树下拉筛选器"中，选择年份，比如"2016"，故事板中的所有以"资产与利润关联表"为数据源的可视化图表都显示为 2016 年的数据，如图 4-48 所示。

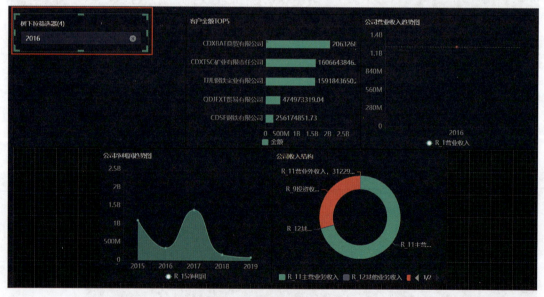

图 4-48 选择年份

**步骤五**：预览、分享、导出故事板。

故事板设计完成后，可以单击【预览】按钮查看整个故事板的内容，如图 4-49 和图 4-50 所示。

也可以通过单击【分享】按钮，系统会生成微信二维码，可以用手机扫描二维码，在手机上查看该故事板,如图 4-51 所示。

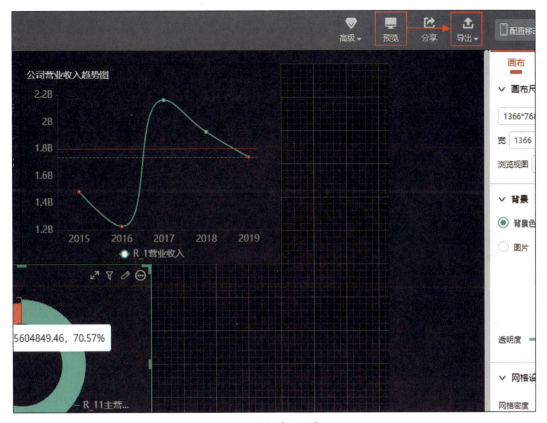

图 4-49　单击【预览】按钮

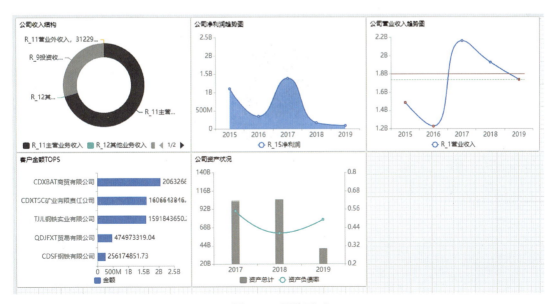

图 4-50　预览页面

图 4-51　二维码

还可以单击【导出】按钮，将该故事板导出成图片、PDF、Excel，如图 4-52 所示。

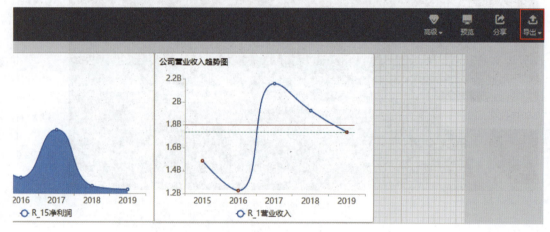

图 4-52　导出设置

视频：收入分析看板
设计点评

# 项目 5　大数据背景下的财报分析

- 知识目标

（1）掌握投资分析应用的各项指标。
（2）理解财务报告的分析方法。
（3）掌握各项能力指标数据可视化工具。
（4）掌握财务分析报告的写作框架。

- 技能目标

（1）能确定并计算各项投资分析指标。
（2）能完成财报分析的可视化看板设计。
（3）能撰写财务分析报告。

- 素养目标

（1）通过财报指标计算分析，培养良好职业操守，保证数据安全。
（2）通过对投资企业财报分析，激发创新创业的信心和能力。
（3）通过聚类算法，培养学习新技术的勇气，具备不畏困难、勇于创新的工作精神。

## 思维导图

## 导读

　　创新驱动发展战略是现代化经济体系的战略支撑，以互联网、大数据、人工智能为代

表的新一代信息技术已经成为我国创新最活跃的领域，大数据与实体经济财报分析的深度融合是在数据挖掘、脱敏、分析的基础之上对数据资源的高效利用，将极大地优化创新过程，加速创新迭代，带动技术创新、产品创新、组织创新、商业模式创新及市场创新，提高创新体系整体效能，推动经济社会发展动力根本转换，推动我国经济发展的质量变革、效率变革和动力变革。

## 任务 5.1　投资者视角财报分析

### 任务 5.1.1　认知财报分析的主体

财务分析根据分析主体的不同，可以分为内部分析和外部分析。

内部分析主要是指企业内部经营者对企业财务状况的分析，目的是判断和评价企业生产经营是否正常。例如，通过对企业经营目标完成情况的分析，可考核与评价企业经营业绩，及时、准确地发现企业的成绩与不足，为企业未来生产经营的顺利进行、提高经济效益指明方向。

外部分析主要是指企业外部的投资者、债权人及政府部门等，根据各自需要对企业相关情况进行的分析。投资者分析关注的主要是企业的盈利能力与发展后劲，以及资本的保值与增值状况。债权人分析主要看企业的偿债能力和信用情况，判断其本金和利息是否能及时、足额收回。政府相关部门对企业的财务分析主要是看企业的经营行为是否规范、合法，以及对社会的贡献状况。

本书主要从外部的投资者角度和内部的经营者角度对财报进行分析解读。

### 任务 5.1.2　认知财务报表分析的方法

财务报表是利用会计数据进行决策的一个基本工具，传统的财务报表通常是以绝对的数值来列示各项目的信息，但决策者想要进行更深入的分析时，比如了解构成总资产的各项资产的比重或经营费用的变化趋势等，财务报表的绝对值就无法提供有效的信息。因此，决策者需要将一系列相关的数据简化成根据一个既定基础计算得出的一系列百分比，再用这些百分比作为深入分析和决策的数据依据，这种方法就是财务报表分析。财务报表分析主要涉及以下四种方法。

#### 1. 比较分析法

比较分析法是指通过对比主要项目或指标值的变化，确定其差异，从而进行财务状况和经营状况分析和判断的一种方法。比较分析的标准包括历史标准、行业标准、预算标准、经验标准等。按照比较形式的不同，比较分析法可以分为绝对数比较和相对数比较。

#### 2. 比率分析法

比率分析法是利用企业同一时期的会计报表中两个或两个以上指标之间的某种关联关系，计算出一系列财务比率，据以考察、分析和评价企业财务状况和经营业绩的分析方法。

### 3. 趋势分析法

趋势分析法是将连续数期的财务报表中的某些项目或指标进行比较，计算前后期的增减方向和幅度，并形成一系列具有可比性的百分比，以预测企业财务状况或经营成果的变动趋势的一种分析方法。这种分析方法不仅能够为财务报表阅读者提供财务报表中某些项目或指标的变动趋势，而且还可以通过对过去财务报表中某些项目或指标的发展变动规律的研究，揭示未来财务状况与经营成果的发展趋势。

### 4. 因素分析法

因素分析法是依据分析指标与其影响因素之间的关系，按照一定的程序和方法，确定各因素对分析指标差异影响程度的一种方法。因素分析法根据其分析特点可分为连环替代法和差额计算法两种。

## 任务 5.1.3　认知财务报表分析的内容

财务报表分析通常是从盈利能力、偿债能力、营运能力、发展能力四个方面进行指标数据的分析对比。

### 1. 盈利能力分析

盈利能力是指企业获取利润，实现资金增值的能力，是企业持续经营和发展的保证。利润率越高，盈利能力越强；利润率越低，盈利能力越差。企业经营业绩的好坏最终可通过企业的盈利能力来反映。根据盈利能力，可以判断企业经营人员的业绩，进而便于发现问题、完善企业的管理模式。

盈利能力分析的常见指标如表 5-1 所示。

表 5-1　盈利能力分析的常见指标

| 指标名称 | 公　　式 |
| --- | --- |
| 营业利润率 | 营业利润率 = 营业利润 / 营业收入 ×100% |
| 营业净利率 | 营业净利率 = 净利润 / 营业收入 ×100% |
| 营业毛利率 | 营业毛利率 =（营业收入－营业成本）/ 营业收入 ×100% |
| 总资产净利率 | 总资产净利率 = 净利润 / 平均资产总额 ×100% |

（1）营业利润率

营业利润率是指企业的营业利润与营业收入的比率。它是衡量企业经营效率的指标，反映了在考虑营业成本的情况下，企业管理者通过经营获取利润的能力。

营业利润率越高，说明企业商品销售额提供的营业利润越多，企业的盈利能力越强；反之，营业利润率越低，说明企业的盈利能力越弱。

（2）营业净利率

营业净利率是净利润与营业收入的比率，反映每 1 元营业收入最终赚了多少利润，用于反映产品最终的盈利能力。

（3）营业毛利率

损益表上最简单的盈利能力指标就是毛利，其相对于收入所产生的比率，就是毛利率。而经营毛利率就是企业日常经营活动所产生的收益与收入的比率，即营业毛利与营业收入之比。反映每1元营业收入所包含的毛利润是多少，即营业收入扣除营业成本后还有多少剩余可用于弥补各期费用和形成利润。营业毛利率越高，表明产品的盈利能力越强。

（4）总资产净利率

总资产净利率是指净利润与平均资产总额的比率，反映每1元资产创造的净利润，衡量的是企业资产的盈利能力。总资产净利率越高，表明企业资产的利用效果越好。企业可以通过提高营业净利率、加速资产周转来提高总资产净利率。

视频：盈利能力指标的计算

### 2. 偿债能力分析

偿债能力是指企业偿还各种到期债务的能力。能否及时偿还到期债务，是反映企业财务状况好坏的重要标志。偿债能力分析包括短期偿债能力分析和长期偿债能力分析。偿债能力有利于债权人进行正确的借贷决策，有利于投资者进行正确的投资决策，有利于企业经营者进行正确的经营决策及正确评价企业的财务状况。

偿债能力分析的常见指标如表 5-2 所示。

表 5-2　偿债能力分析的常见指标

| 指 标 类 型 | 常用指标名称 | 公　　式 |
| --- | --- | --- |
| 短期偿债能力指标 | 流动比率 | 流动比率 = 流动资产 / 流动负债 ×100% |
|  | 速动比率 | 速动比率 = 速动资产 / 流动负债 ×100% |
|  | 现金比率 | 现金比率 =（货币资金 + 交易性金融资产）/ 流动负债 ×100% |
| 长期偿债能力指标 | 资产负债率 | 资产负债率 = 负债总额 / 资产总额 ×100% |
|  | 产权比率 | 产权比率 = 负债总额 / 所有者权益总额 ×100% |

（1）流动比率

流动比率是流动资产与流动负债的比率，表明每1元流动负债有多少流动资产做保障。一般而言，流动资产与流动负债的比值越高，即流动比率越高，企业的流动性越强，企业持有的流动资产也越多，可以用来偿付流动负债，短期偿债能力就越强；而流动比率降低则意味着企业的流动性降低。

（2）速动比率

速动比率是指企业速动资产与流动负债的比率，速动资产是企业的流动资产减去存货和预付费用后的余额，主要包括现金、短期投资、应收票据、应收账款等项目。速动比率越大，短期偿债能力越强。

（3）现金比率

现金比率是企业现金资产与流动负债的比率，也是企业短期流动性的最佳指标。现金比率表明每1元流动负债有多少现金作为偿债保障，现金比率越高，说明变现能力越强，因此现金比率也称为变现比率。

（4）资产负债率

资产负债率是企业负债总额与资产总额的比率，反映总资产中有多大比例是通过负债取得的。资产负债率可以衡量企业清算时资产对债权人的保障程度，一般情况下，资产负债率越小，表明企业长期偿债能力越强。如果该指标过小则表明企业对财务杠杆利用不够。国际上认为资产负债率为60%合适。

（5）产权比率

产权比率是负债总额与所有者权益的比率，表明债权人提供的资本和所有者提供的资本的相对关系，反映企业财务结构是否稳定。一般来说，所有者提供的资本大于借入资本为好。产权比率越低，表明企业的长期偿债能力越强，债权人权益的保障程度越高，承担的风险越小。同时，产权比率也表明债权人资本受到所有者权益保障的程度，或者是企业清算时对债权人利益的保障程度。

### 3. 营运能力分析

营运能力是指企业资产运用、循环的效率高低。资金周转越快，流动性越高，企业的偿债能力越强，资产获取利润的速度就越快。营运能力的作用主要是分析企业营运资产的利用及其能力如何，从根本上决定企业的经营状况和经济效益。

营运能力分析的常见指标如表5-3所示。

表5-3 营运能力分析的常见指标

| 指标名称 | 公式 |
| --- | --- |
| 总资产周转率 | 总资产周转率 = 营业收入 / 总资产 ×100% |
| 总资产周转天数 | 总资产周转天数 =365/ 总资产周转率 |
| 固定资产周转率 | 固定资产周转率 = 营业收入 / 固定资产净额 ×100% |
| 固定资产周转天数 | 固定资产周转天数 =365/ 固定资产周转率 |
| 流动资产周转率 | 流动资产周转率 = 营业收入 / 流动资产合计 ×100% |
| 流动资产周转天数 | 流动资产周转天数 =365/ 流动资产周转率 |
| 应收账款周转率 | 应收账款周转率 = 营业收入 / 应收账款 ×100% |
| 应收账款周转天数 | 应收账款周转天数 =365/ 应收账款周转率 |

(1) 总资产周转率

就企业总体的资产而言,我们需要用总资产周转率来衡量其资产的使用效率,即1元资产的投入能产生多少销售金额。不同行业因经营业务的特征不同,总资产周转率的指标呈现明显的行业特征。批发业的总资产周转率均值最高,全部资产能达到平均每年周转约 1.615 7 次,而一些行业平均周转率只能达到 0.2～0.4 次,如钢铁、煤炭、电力行业等。

总资产周转天数是用一年 365 天除以总资产周转率来计算的,该指标越短越好。

(2) 固定资产周转率

固定资产周转率是反映企业固定资产周转情况,从而衡量固定资产利用效率的一项指标。固定资产周转率越高(即一定时期内固定资产周转次数多),表明企业固定资产利用越充分,同时也能表明企业固定资产投资得当,固定资产结构合理,能够充分发挥效率。反之,如果固定资产周转率不高,则表明固定资产使用效率不高,提供的生产成果不多,企业的运营能力不强。

固定资产周转天数是用一年 365 天除以固定资产周转率来计算的,该指标越短越好。

(3) 流动资产周转率

影响流动资产周转率的因素主要有两个,一是流动资产垫支周转率;二是成本收入率。流动资产垫支周转率反映了流动资产的真正周转速度,成本收入率说明了所费与所得之间的关系,反映流动资产的利用效果。加速流动资产垫支周转速度是手段,提高流动资产利用效率才是目的。因此,要加速流动资产垫周转速度,必须以提高成本收入率为前提。

流动资产周转天数是用一年 365 天除以流动资产周转率来计算的,该指标越短越好。

(4) 应收账款周转率

应收账款周转率说明年度内应收账款转换为现金的平均次数,体现了应收账款的变现速度和企业的收款效率,一般认为应收账款周转率越高越好。

应收账款周转天数是用一年 365 天除以应收账款周转率来计算的,该指标越短越好。

4. 发展能力分析

发展能力是指企业扩大规模、壮大实力的潜在能力,又称成长能力。发展能力的作用有三个方面:一是补充和完善传统财务分析,展望未来,是盈利能力、营运能力及偿债能力的综合体现;二是可以为预测分析与价值评估铺垫,提供基础数据来源;三是满足相关利益者的决策需求,比如对于股东而言,可以通过发展能力分析衡量企业创造股东价值的能力,从而为采取下一步战略行动提供依据。

发展能力分析的常见指标如表 5-4 所示。

(1) 总资产增长率

总资产增长率是企业年末总资产的增长额同年初资产总额的比率。本年总资产增长额为本年总资产的年末数减去本年初数的差额,它是分析企业当年资本积累能力和发展能力

表 5-4 发展能力分析的常见指标

| 指标名称 | 公 式 |
|---|---|
| 总资产增长率 | 总资产增长率 =（年末资产总额 – 年初资产总额）/ 年初资产总额 ×100% |
| 营业收入增长率 | 营业收入增长率 =（本年营业收入 – 上年营业收入）/ 上年营业收入总额 ×100% |
| 净利润增长率 | 净利润增长率 =（本年净利润 – 上年净利润）/ 上年净利润 ×100% |

的主要指标。

（2）营业收入增长率

营业收入增长率是企业营业收入增长额与上年营业收入总额的比率，反映企业营业收入的增减变动情况。营业收入增长率大于零，表明企业营业收入有所增长。该指标值越高，表明企业营业收入的增长速度越快，企业市场前景越好。

（3）净利润增长率

净利润增长率指企业本期净利润额与上期净利润额的比率，净利润是在利润总额中按规定缴纳了所得税后企业的利润留成，一般也称为税后利润或净收入。净利润增长率反映了企业实现价值最大化的扩张速度，是综合衡量企业资产营运与管理业绩，以及成长状况和发展能力的重要指标。

【讨论】大数据财务分析与传统财务分析有哪些区别？

## 任务 5.1.4　知晓大数据对财报分析的影响

大数据在数据来源和分析方法等方面都对财务分析产生深厚的影响。

### 1. 数据来源的影响

传统的财务分析数据主要来源于内部财务账表以货币计量的结构化数据。大数据时代，财务分析数据的来源除了内部财务账表以货币计量的结构化数据，还有各类非结构化数据、业务数据等，并且可用的外部数据也越来越多。

### 2. 分析方法的影响

如前所述，财务分析方法有很多种，主要包括比较分析法、比率分析法、趋势分析法、因素分析法。传统财务分析以企业内部数据对比分析（纵向对比分析）为主，横向对比分析由于可取的外部数据受限而较少采用。在大数据时代，由于大数据处理方法的应用，尤其是数据挖掘技术、爬虫技术的应用，使得获取外部数据变得容易，因而横向对比分析也变得更为容易。

另外，传统财务分析偏重于因果分析，遵循从结果到原因的分析思路。而大数据时代的财务分析偏重于相关分析，即从某一相关事务的变化去分析另一相关事务是否发生变化，如果没有变化或者变化不合常规，再分析其影响因素，以解释没有变化或者变化不合常规是否合理。

### 知识拓展

## 从《纸牌屋》说起

2014年2月14日,《纸牌屋》第二季的热播让在线影片租赁公司 Netflix 再次成为万众瞩目的焦点。奥巴马总统2月15日在其 twitter 上恳请大家不要剧透。《纸牌屋》是2013年 Netflix 基于大数据而投资拍摄的在线剧,无论是剧情设计上还是演员、导演阵容,都以用户在网站上的行为和使用数据做支撑,从开发之日起便注定会受到观众的青睐。

#### 大数据用于投资决策

Netflix 每天会对全美和世界的2 700万和3 600万注册用户的3 000万次"动作"(包括播放、暂停、倒退和快进等动作)、400万次评级、300万次搜索,以及一天中用户观看视频的时间和所用设备进行观测。此外,Netflix 上的电影和电视节目还被观众贴上了数以百计的标签,包括影片的演员、情节、基调、类型等方面的描述。过去,这些标签的作用是根据个体用户的喜好向他们推荐网站上的电影和节目,而现在,Netflix 开始根据用户的偏好制作原创内容。

#### 主演为啥选凯文·史派西

通过大数据及标签分析,Netflix 知道,相当一部分用户已经看过大卫·芬奇的作品,由凯文·史派西主演的电影通常都很卖座,而英国版的《纸牌屋》也很受欢迎。有了这三个兴趣人群,Netflix 找到了一个维恩图解交集,证明如此配置一部新版《纸牌屋》将稳操胜券。与此同时,Netflix 还根据精确的算法判定出为这样一部电视剧付出多少投资是合理的。

#### 大数据影片带动大收入

Netflix 花费1亿美元制作的《纸牌屋》第一季受到了广泛的好评,投资者也提高了对 Netflix 的热情。除了《纸牌屋》,Netflix 已经投资数亿美元来制作原创的系列电视剧——如《铁杉树丛》《发展受阻》,与梦工厂联合出品的《极速蜗牛》,以及由瑞奇·热维斯主演的《德里克》等。大数据影片,带动2013年 Netflix 营收较2012年增长18%。单单是在美国市场上,Netflix 的用户人数就增加了200万人。

### 同步练习

1. 速动比率的计算公式是( )。(单选题)
   A. 流动资产/流动负债
   B. (货币资金+交易性金融资产+应收账款+应收票据+其他应收款)/流动负债
   C. (货币资金+交易性金融资产)/流动负债
   D. (货币资金+交易性金融资产+应收账款)/资产总额

2. 存货周转率的计算公式为（　　）。（单选题）
   A. 销货成本 / 平均存货余额
   B. 利润总额 / 平均存货余额
   C. 赊销净额 / 应收账款期末数
   D. 销货成本 / 存货期末余额
3. 总资产增长率的计算公式为（　　）。（单选题）
   A. 年末资产总额 / 年初资产总额 ×100%
   B.（年末资产总额 − 年初资产总额）/ 年初资产总额 ×100%
   C. 年末所有者权益总额 / 年初资产总额 ×100%
   D.（年末所有者权益总额 − 年初所有者权益总额）/ 年初所有者权益总额 ×100%
4. 某企业年度营业收入为 3 000 万元，年初应收账款余额 258 万元，年末应收账款余额 342 万元，则应收账款周转天数为（　　）天。（单选题）
   A. 10　　　　　　B. 36　　　　　　C. 5　　　　　　D. 73
5. 在财务分析中，最关心全额资本保值增值情况和盈利能力的利益主体是（　　）。（单选题）
   A. 企业经营者　　　　　　B. 企业所有者
   C. 企业债权人　　　　　　D. 政府经济管理机构

## 任务 5.2　实战演练——投资者角度分析

【案例背景】BDHNK 集团有限公司（以下简称 BDH 集团）地处我国东北小兴安岭南麓、松嫩平原和三江平原地区。辖区土地总面积 5.54 万平方公里，现有耕地 4 448 万亩、林地 1 362 万亩、草地 507 万亩、水面 388 万亩，是国家级生态示范区。BDH 集团下辖 9 个分公司、108 个农（牧）场有限公司，978 家国有及国有控股企业。这些企业分布在全省 12 个市，总人口 162.3 万人，从业人口 53.2 万人。2019 年 BDH 集团实现企业增加值 442.5 亿元，人均可支配收入达到 25 985 元。BDH 集团实现营业收入 1 233.6 亿元，利润 3.1 亿元。

BDH 集团作为国家重要的商品粮基地，粮食生产连续 12 年稳定在 400 亿斤以上，实现了"十九连丰"，并累计为国家生产粮食超过 1 万亿斤。BDH 集团坚持实施农业产业化经营，打造了米、面、油、乳、肉、薯、种等支柱产业，培育了"BDH""完达山""九三"等一批中国驰名商标，其中"BDH"品牌价值达到 1 706.96 亿元，稳居中国农业第一品牌。企业经营管理机构的组织架构如图 5-1 所示。

BDH 集团公司投资部预期打造一个国内知名品牌，因此想从"农、林、牧、副、渔"行业物色新的投资对象，投资部将通过上市公司财务大数据的分析，从该行业中筛选出一个综合能力表现优秀的企业进行投资。数据源取自上交所所有上市公司 2016—2020 年的季报、半年报和年报数据。

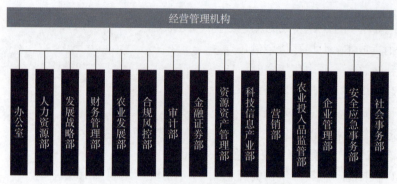

图 5-1 企业经营管理机构的组织架构图

【任务目标】通过指标数据分析对比，筛选出表现优异的公司，供管理方进行投资选择。

【任务实现】按如图 5-2 所示的四个步骤完成企业各项能力分析。

图 5-2 任务实现的四个步骤

（1）确定能力分析的指标，可以通过小组团队讨论的形式进行，每项能力的指标选取不少于 4 个。

（2）指标计算，有些指标的数值不能直接从报表上获取，需要计算后才能得到。例如，"毛利率"指标，就需要用（营业收入－营业成本）/营业收入的公式计算出来。

（3）将指标数值与对比结果通过可视化看板展现。

（4）对看板的指标数据进行解读。

指标也较为可观，盈利潜力同样不容小视。

## 任务 5.2.1 盈利能力分析

### 1. 指标选取

反映一个企业盈利能力的指标有绝对值指标和相对值指标，绝对值指标有营业收入、利润总额、净利润等，相对值指标有毛利率、营业利润率、营业净利率、成本费用利润率、总资产报酬率、净资产收益率、盈余现金保障倍数等。

### 2. 指标计算

营业收入是利润表的报表项目，无须公式计算，在分析云中可直接作为指标使用。毛利率、总资产报酬率需要在分析云中新增指标，设置公式计算指标数值。

下面以计算总资产报酬率为例，说明在分析云中新建计算指标的操作步骤。

**步骤一：**单击【任务】按钮，单击【开始任务】按钮，进入分析云大数据平台。

**步骤二：**单击"分析设计"界面中的【新建】按钮，在下拉菜单中单击"新建故事板"。

项目 5　大数据背景下的财报分析

**步骤三**：输入故事板名称"盈利能力分析"，并保存在"我的故事板"下，单击【确认】按钮，如图 5-3 所示。

图 5-3　新建盈利能力分析故事板

**步骤四**：单击【可视化】→【新建】按钮，从"数据集"中选择"财务大数据"→"财报分析"下的"xbrl"，单击【确定】按钮，如图 5-4 所示。

图 5-4　选择数据源

**步骤五**：将默认的"新建可视化"更改为"总资产报酬率"。单击"指标"右侧的＋按钮，选择"计算字段"，如图 5-5 所示。

85

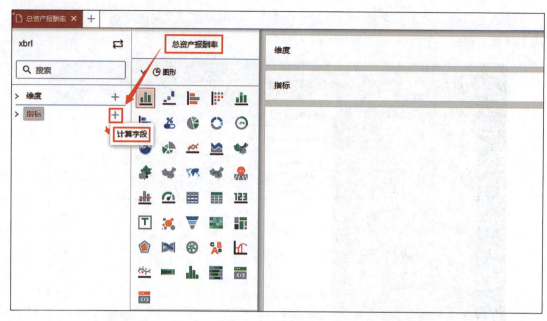

图 5-5 新增计算字段

**步骤六**：在如图 5-6 所示的界面中编辑字段信息，内容如下。

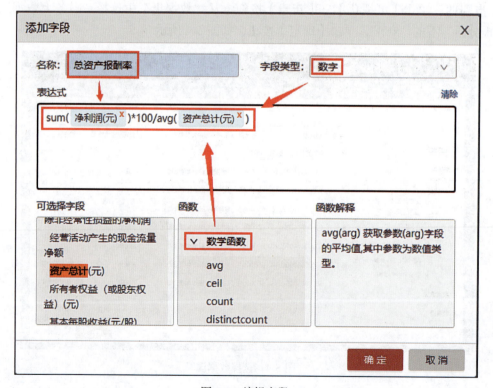

图 5-6 编辑字段

【注意】

（1）资产负债表是静态报表，反映的数据是一定时点的数据，因此在选择资产负债表中的数据时,应采用 avg 函数;利润表是动态报表,反映的数据是一段时间的数据,因此来源于利润表中的数据应采用 sum 函数。

(2)表达式中的符号必须为英文状态,avg 函数与 sum 函数不能手工输入,必须从下方"函数"→"数学函数"处选择输入;"净利润(元)"和"资产总计(元)"可在"可选择字段"→"xbrl"处选择输入(按下 Ctrl+F 组合键,可以搜索字段,快速找到目标字段)。

(3)将分子乘以 100,是为了将数值表示为百分数,这样可以提高可视化的效果。

**步骤七**:编辑完成后,单击【确定】按钮,指标新增成功,在"指标"的最下方可以看到新增的指标"总资产周转率"。

### 3. 可视化看板设计

本案例的目标是在"农、林、牧、副、渔"中挑选出盈利能力强的企业,此处使用的方法是把该行业最近一年(本次选择的是 2020 年)的盈利能力指标值进行排序,从排序靠前的企业中挑选出目标投资企业。

以创建行业总资产报酬率排名的看板为例,在图 5-7 所示的总资产报酬率可视化看板基础上,继续下面的操作。

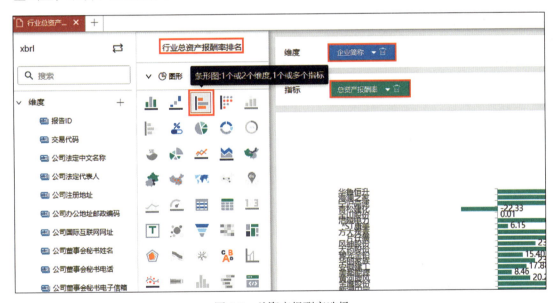

图 5-7　总资产报酬率选择

**步骤一**:在总资产报酬率可视化看板中,将看板重命名为"行业总资产报酬率排名"。

**步骤二**:维度选择"企业简称",指标选择"总资产报酬率",图形选择条形图。

**步骤三**:单击过滤下的【设置】按钮,添加过滤条件。单击【按条件添加】按钮,添加以下几个条件,如图 5-8 所示。

图 5-8　过滤条件选择

【注意】报表类型等于 5 000 条件中，5 000 为年报，表示取全年的数据。

步骤四：输入完成后，单击【确定】按钮，可视化结果如图 5-9 所示。

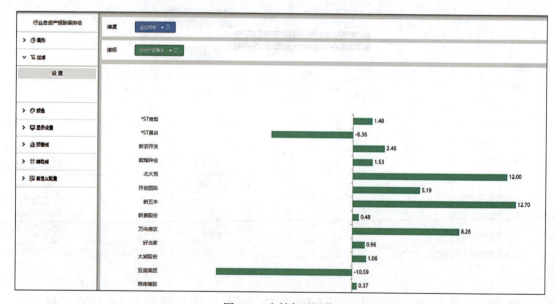

图 5-9　毛利率可视化

步骤五：单击【毛利率】指标下的【升序】按钮，将毛利率升序排列，如图 5-10 所示。

步骤六：设置显示毛利率排名后 20 位的企业，如图 5-11 所示。

【注意】条形图的升序排列是将指标数据在图中从下往上依次升序排列，即指标小的在条形图的下方显示，指标大的在条形图的上方显示。显示的是指标数值最大的前20个条形图。

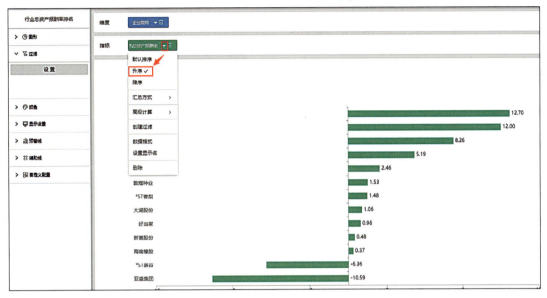

图 5-10　选择排序方式

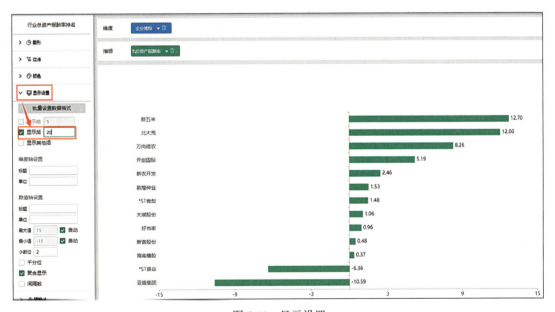

图 5-11　显示设置

**步骤七**：行业毛利率排名的可视化设置完毕后，单击右上角的【保存】按钮和【退出】按钮，即可在可视化看板上显示设置好的图形，调整图形大小，最终结果如图 5-12 所示。

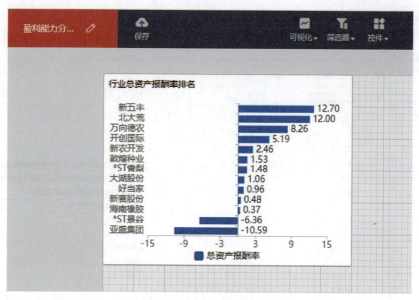

图 5-12 可视化图形

## 任务 5.2.2 偿债能力分析

### 1. 指标选取

反映一个企业偿债能力的指标有短期偿债能力指标和长期偿债能力指标。短期偿债能力指标有流动比率、速动比率、现金比率、经营活动净现金比率等；长期偿债能力指标有资产负债率、产权比率、利息偿付倍数等。本案例选取的指标是速动比率、流动比率、现金比率和资产负债率。

### 2. 指标计算

计算速动比率、流动比率、现金比率和资产负债率时需要在分析云中新增指标，设置公式计算指标数值。指标设置方法同盈利能力分析中的"毛利率"指标设置。各指标的公式设置如图 5-13～图 5-16 所示。

### 3. 可视化看板设计

（1）设置辅助线

一般认为流动比率大于或等于 2 比较理想，最好不低于 1.5；速动比率大于或等于 1 比较好；现金比率最好大于或等于 20%；资产负债率最好小于或等于 70%。这些指标的理想数值可以通过分析云中的设置辅助线功能，在可视化看板上显示出来。下面以流动比率的辅助线固定值为 1.5 为例，讲解具体操作步骤。

**步骤一：**按照前面讲述的方法，创建流动比率可视化看板。

**步骤二：**将指标"流动比率"拖曳到"辅助线"下，弹出"设置辅助线"窗口，如图 5-17 所示，在"固定值"处输入"1.5"，颜色选择"红色"。

图 5-13　流动比率公式设置

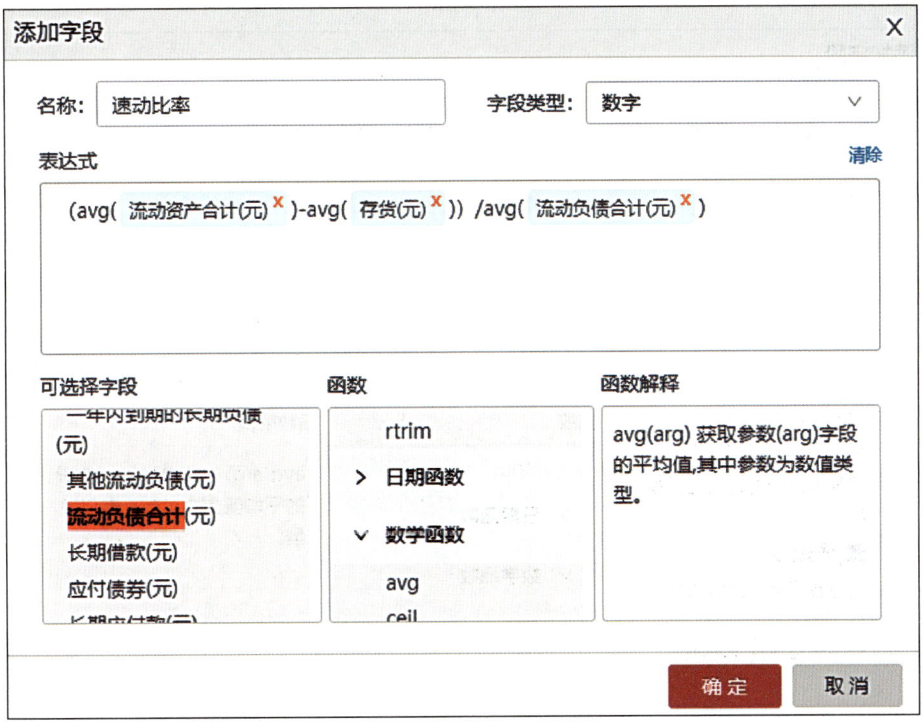

图 5-14　速动比率公式设置

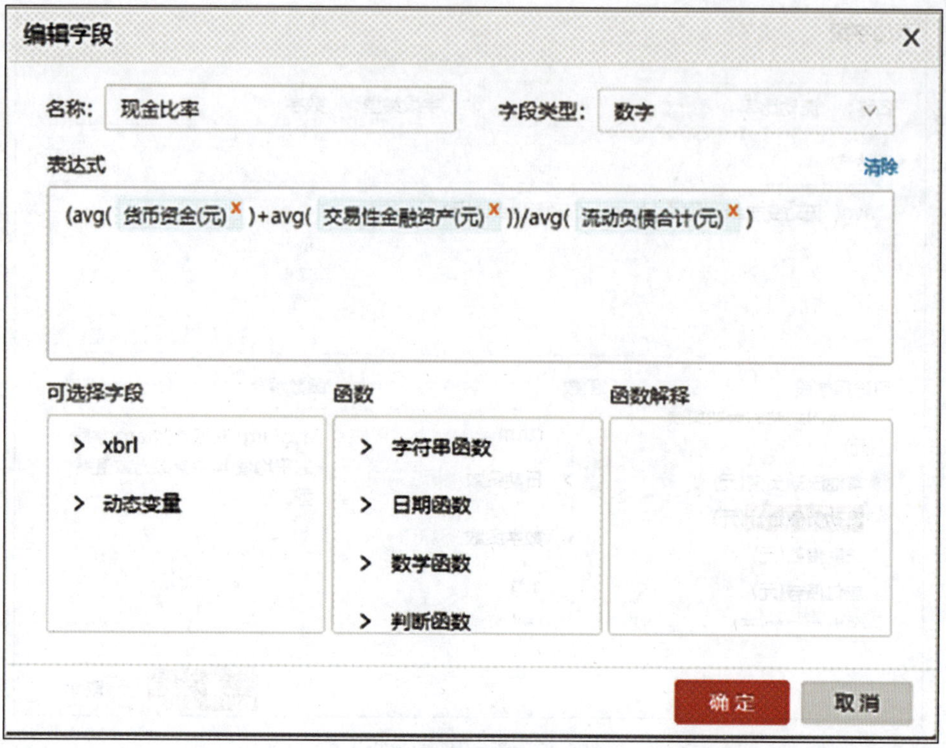

财务大数据分析

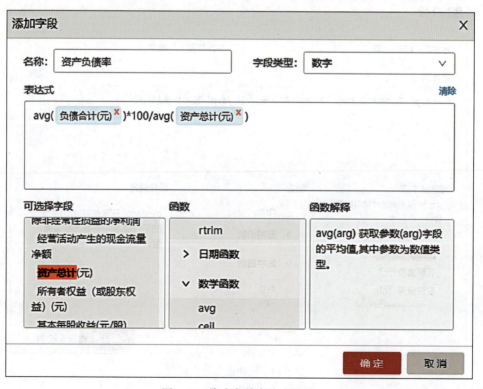

图 5-15　现金比率公式设置

图 5-16　资产负债率公式设置

项目 5 大数据背景下的财报分析

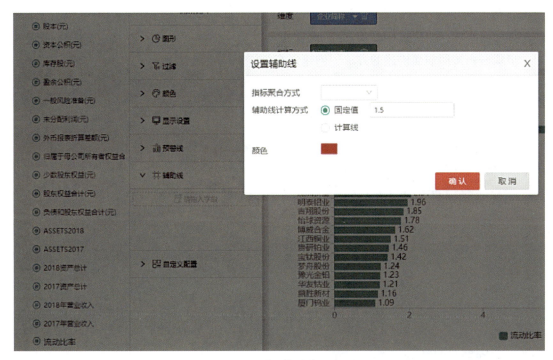

图 5-17 "设置辅助线"窗口

**步骤三**：单击【确认】按钮，辅助线设置完毕。可视化看板上将增加一条红色的辅助线，如图 5-18 所示。

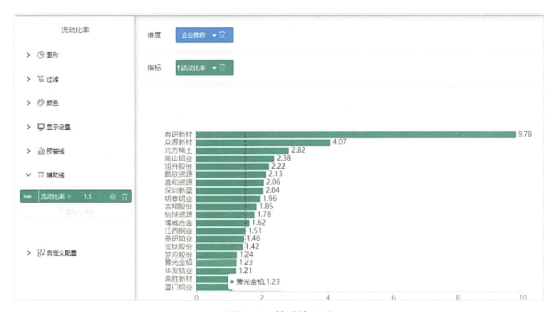

图 5-18 辅助线显示

（2）设置指标预警

如果希望指标在超出或低于某一个值时给出预警，则可以设置指标预警线。例如，当资产负债率指标值高于70%时，系统自动给相关人员发送预警信息。下面以设置资产负债率预警线为例，讲解具体操作步骤。

**步骤一**：按照前面讲述的方法，创建资产负债率可视化看板。

**步骤二**：将指标"资产负债率"拖到预警线下方，弹出"设置指标预警"对话框，如图5-19所示。

图5-19 "设置指标预警"对话框

**步骤三**：设置预警条件。单击【添加条件格式】按钮，设置条件为资产负债率大于70，如图5-20所示。

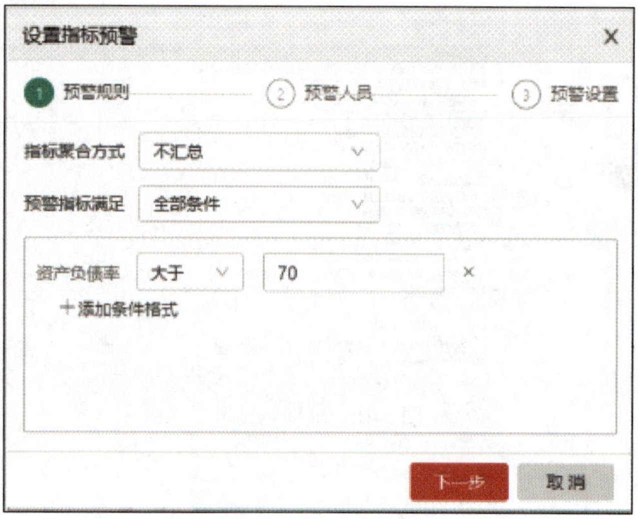

图5-20 设置预警条件

**步骤四**：设置预警通知人员，如图 5-21 所示。

图 5-21　设置预警通知人员

**步骤五**：设置预警的内容，包括预警级别、预警线颜色及预警内容，如图 5-22 所示。

图 5-22　设置预警的内容

**步骤六**：单击【确认】按钮，完成预警设置。以后当满足预警条件时，系统会自动给相关人员发送预警消息。

### 4. 指标解读

偿债能力可视化看板全部设计完成后的效果如图 5-23～图 5-26 所示。

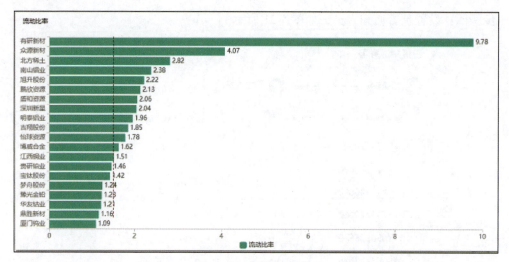

图 5-23　流动比率排名

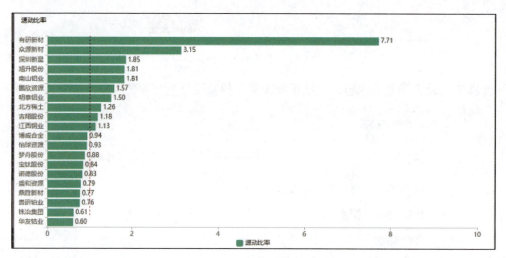

图 5-24　速动比率排名

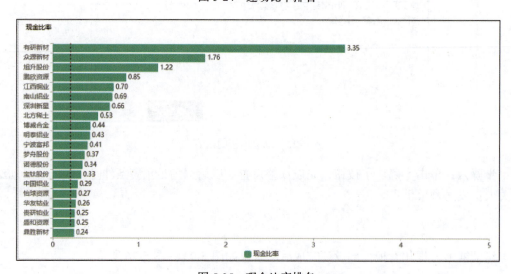

图 5-25　现金比率排名

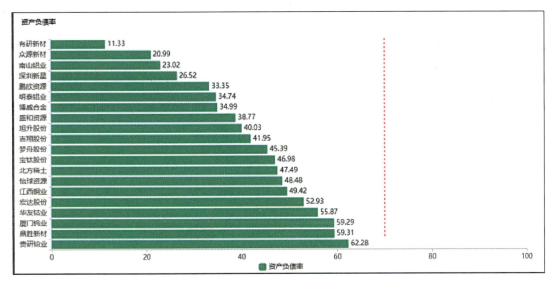

图 5-26　资产负债率排名

从以上指标排名可以看出：吉翔股份、怡球资源、贵研铂业、盛和资源的各项偿债能力指标均较为适中，没有明显偏高或偏低；BDH 和博威合金除现金比率偏高外，其他指标也较为合理，表明这几家公司的偿债能力较为适宜。此外，深圳新星和旭升股份的短期偿债能力指标普遍偏高，华友钴业则普遍偏低，表明这几家公司盘活资金、充分利用短期负债获利的能力还有待加强。

## 任务 5.2.3　营运能力分析

### 1. 指标选取

反映一个企业营运能力的指标有周转率和周转天数。本案例选取演示的指标是：总资产周转天数、固定资产周转天数、流动资产周转天数和应收账款周转天数。

### 2. 指标计算

流动资产周转天数、总资产周转天数、固定资产周转天数和应收账款周转天数需要在分析云中新增指标，设置公式计算指标数值。设置方法同盈利能力分析中的"毛利率"指标。各指标的公式设置如图 5-27～图 5-30 所示。

### 3. 可视化看板设计

原则上，周转天数一般越短越好。以流动资产周转天数为例，天数越短，说明其变现速度越快，变现速度快，流动资产的风险就越低。

在设计周转天数可视化看板时，应按周转天数降序排列，即条形图从上往下是按照天数从少到多排序。例如，总资产周转天数降序设置如图 5-31 所示。

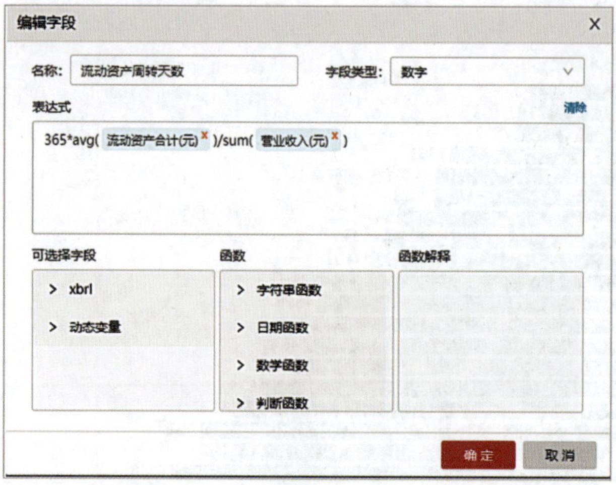

图 5-27 流动资产周转天数

图 5-28 总资产周转天数

图 5-29 固定资产周转天数

项目 5　大数据背景下的财报分析

图 5-30　应收账款周转天数

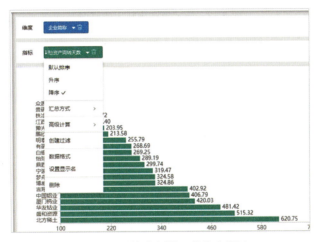

图 5-31　总资产周转天数降序设置

## 4. 指标解读

将指定的营运能力的可视化看板全部设计完成，如图 5-32～图 5-35 所示。

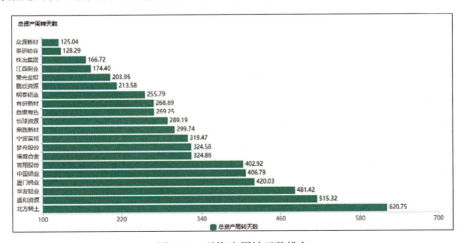

图 5-32　总资产周转天数排名

99

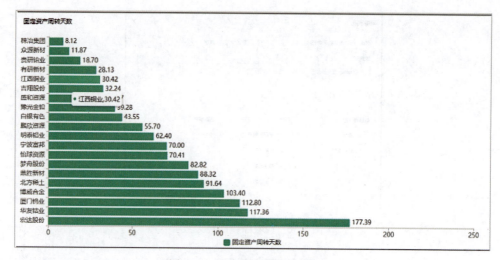

图 5-33　固定资产周转天数排名

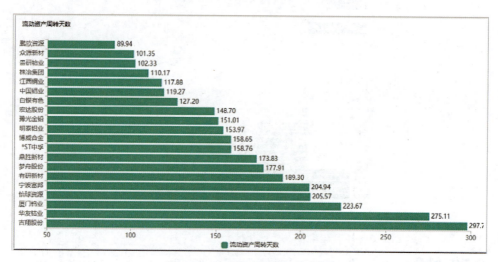

图 5-34　流动资产周转天数排名

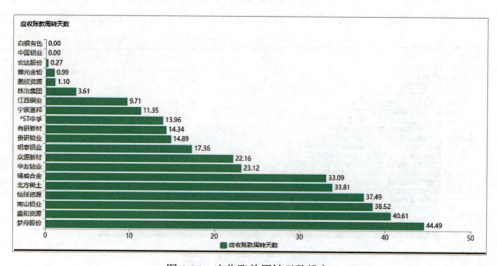

图 5-35　应收账款周转天数排名

从以上指标排名可以看出：众源新材、贵研铂业、株冶集团和 BDH 这几家公司的资产流动性较高，营运能力较强，获得预期收益的可能性较大；鹏欣资源除固定资产周转率偏低外，其他各项指标良好，具备较好的营运能力；深圳新星和华友钴业则相对偏低，营运能力较差。

### 任务 5.2.4　发展能力分析

#### 1. 指标选取

反映一个企业发展能力的指标有销售收入增长率、营业收入增长率、总资产增长率、净利润增长率、每股收益增长率和资本积累率等。本案例选取演示的指标有相对值指标，例如总资产增长率、销售收入增长率、净利润增长率等；也有绝对值指标，例如总资产增长量、销售收入增长量、净利润增长量等。

#### 2. 指标计算

增长率和增长量的计算不用设置公式，用分析云中的同比计算功能即可实现。

下面以总资产增长率为例讲解操作步骤。

**步骤一**：按照前面讲述的方法，创建总资产增长率可视化看板。

**步骤二**：单击【指标】→【高级计算】→【同比/环比】按钮，进入同比/环比设置页面，如图 5-36 所示。

**步骤三**：按图 5-37 所示的要求进行同比设置，以对比 2020 年和 2019 年的数据。注意此处的日期设置与当前操作的年份有关，比如当选择 2018 年时，若当前年份是 2021 年，则 2018 年距 2021 年相隔 3 个年份。

图 5-36　增长率同比设置（1）

图 5-37　增长率同比设置（2）

**步骤四**：设置完毕，单击【确定】按钮。

**步骤五**：增长量的设置和增长率相似，不同点是"计算"处选择"增长值"，如图 5-38 所示。

图 5-38　增长量同比设置

### 3. 可视化看板设计

对可视化看板进行优化设置。

**步骤一**：将增长量的数值设置为按"亿元"为单位显示。单击【指标】→【数据格式】按钮，设置内容如图 5-39 所示。

图 5-39　数据格式设置

**步骤二**：单击【指标】→【设置显示名】按钮，将标签名称修改为"资产增长量（亿元）"，如图 5-40 所示。

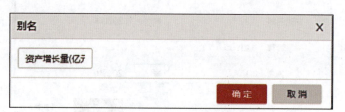

图 5-40　标签名称修改

**步骤三：** 设置完成之后的可视化图如图 5-41 所示。

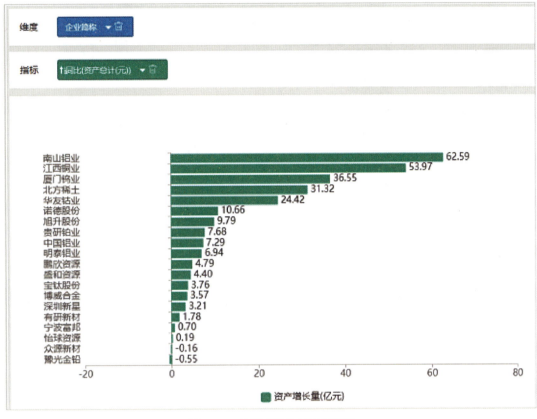

图 5-41　总资产增长量看板设置

## 4. 指标解读

将指定的营运能力的可视化看板全部设计完成，如图 5-42～图 5-47 所示。

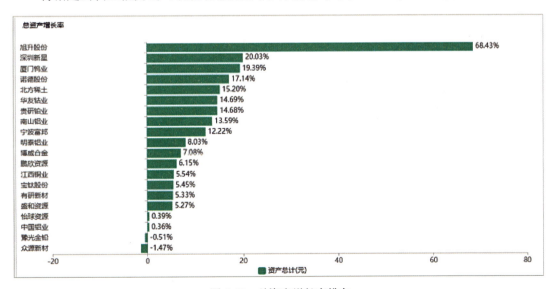

图 5-42　总资产增长率排名

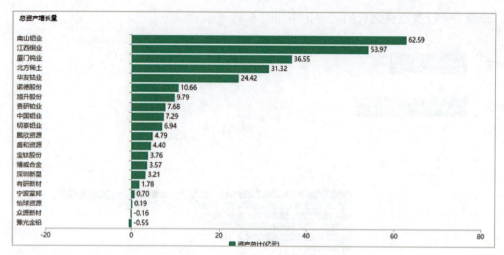

图 5-43 总资产增长量排名

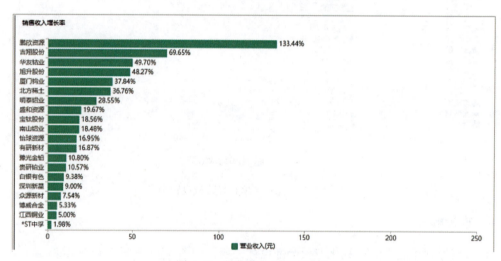

图 5-44 销售收入增长率排名

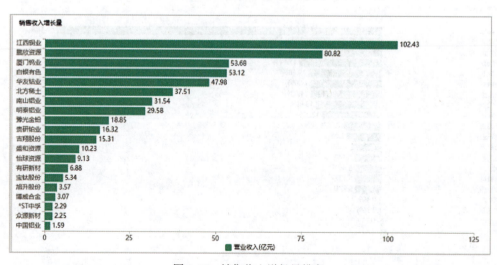

图 5-45 销售收入增长量排名

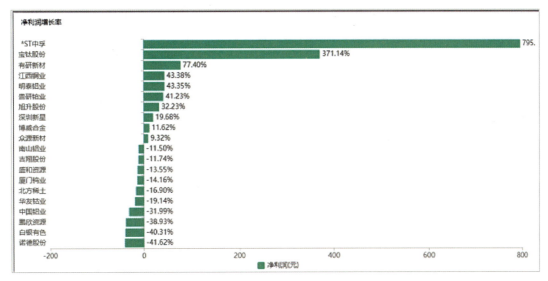

图 5-46 净利润增长率排名

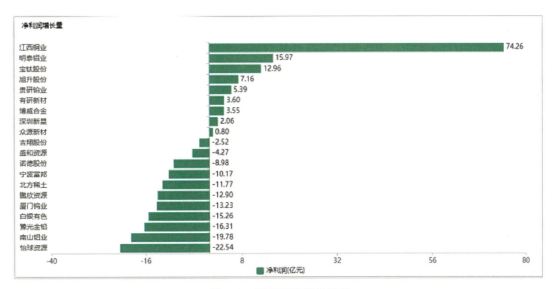

图 5-47 净利润增长量排名

从以上指标排名可以看出：鹏欣资源除销售收入增长情况良好外，总资产增长平平，净利润甚至出现负增长，发展能力不稳定；而 BDH、明泰铝业、贵研铂业和旭升股份各项发展能力指标值基本均保持在中等偏上水平，个别指标甚至可达行业最高，表明这几家公司发展能力强劲，具备较强的扩大规模、壮大实力的潜能。

## 任务 5.3  经营者角度财报分析

对于日常在企业工作的财务人员来说，进行对外财务报表分析的机会并不多，我们在网上经常看到的对上市公司财务报表的分析，是基于投资人的角度来对这家公司披露的财

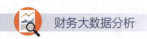

务及经营信息所做的分析。在实际工作当中,大家应用得更多的其实是内部经营管理分析。内部经营分析的目的是检查业绩的完成情况,对异常情况进行追踪溯源,为经营决策提供数据支持。

内部经营分析可以分为三个步骤。

(1)本期财务指标计算。根据报表数据进行盈利、偿债、营运、发展四大能力的本期指标计算,展示本期的经营绩效。

(2)财务指标纵向分析。通过同比、环比、预算比等,分析出各项目增减变化的趋势,同时对成本、收入等的变化继续深入分析,发现问题,要求相关功能部门做出分析或解释。

(3)指标的横向对比。横向对比一般是和同行的竞争对手进行对比分析,或者是和行业均值进行对比,通过横向对比分析,可以知己知彼,学习别人的长处、克服自己的短处,才能使企业发展得更好。

### 任务 5.3.1　纵向分析

经营者在分析企业内部财务指标时,常用的分析方法是纵向分析,即同比或环比。简单来说,就是比较本期数据与去年同期的数据,或本期数据与上月的数据。通常我们会使用同比与环比的分析方法,观察企业财务指标数据的趋势变化。例如,与基期数据相比,本期数据是增长还是减少,导致数据变化的原因是什么,具体变化原因还需进一步做数据动因分析。指标只是一个数值,作为经营者,找出指标变化背后的真正原因是非常必要的。

同比分析:一般是指本期水平与上年同期水平对比分析,也就是与历史同期比较。

同比增长率=(本期数-同期数)/同期数 ×100%,指与去年同期相比较的增长率。

环比分析:指与上一期对比分析。

环比增长率=(本期数-上期数)/上期数 ×100%,指与上期相比较的增长率。

### 情境元素

高质量发展　可持续发展

### 思政情境

我国经济已由高速增长阶段,转向高质量发展阶段,正处在转变发展方式、优化经济结构、转变增长动力的攻关期,企业应从传统的财务核算模式向财务数据的分析和管理转变。

### 情境链接

JLT 公司成立于 2003 年,是国内精密温控节能设备领域的领军企业,一直专注于精密环境控制技术的研发,具备为精密环境控制领域提供节能、温控设备、一体化解决方案,以及相关节能技术服务的综合优势。2014 年以来,公司推出了冷水机组系列新产品,并拓展设备代维服务，打通产业链，提升综合竞争优势。根据公司 2018 年中报的披露，2018 年上半年公司收入 2.39 亿元，同比增长 17.23%，其中精密空调系列产品实现收入 2.09 亿元，占比 87.2%，是公司最大的核心业务板块，如图 5-48 所示。

图 5-48　公司营业收入构成（单位：万元）

2013—2017 年，公司营业收入年均复合增速达到 10.39%，归母净利润复合增速 20.9%。在利润率方面，公司的毛利率常年维持在 40% 以上，主要原因在于精密空调业务（占比约 90%）属于高毛利产品，如图 5-49 所示。2017 年，公司的毛利率达到 42.82%，比 2016 年同期增长 2.14%，这主要有以下三方面原因。

图 5-49　公司营业收入（单位：万元）及同比增速

（1）公司经营规模扩大，市场份额增长，产生规模效应。
（2）高毛利的定制化产品与高制冷量产品销量增加。
（3）公司加强成本控制，优化工艺生产，生产成本有所降低。
另外，公司较大的理财规模也提供了一定收益。

## 同步练习

1. 流动比率和现金流量比率都是用来反映企业短期偿债能力的主要指标，但是财务界通常认为后者更加科学，这是因为后者契合了（　　）的会计假设。（单选题）
   A. 货币计量假设　　　　　　　　B. 持续经营假设
   C. 主体假设　　　　　　　　　　D. 分期假设

2. 从企业债权人角度看，财务分析的最直接目的是（　　）。（单选题）
   A. 企业的盈利能力　　　　　　　B. 企业的营运能力
   C. 企业的偿债能力　　　　　　　D. 企业的发展能力

3. 可以提供企业变现能力信息的会计报表是（　　）。（单选题）
   A. 现金流量表　　　　　　　　　B. 所有者权益明细表
   C. 资产负债表　　　　　　　　　D. 利润分配表

4. 企业的经营者为了寻求经营管理情报而进行的分析属于（　　）。（单选题）
   A. 内部分析　　　　　　　　　　B. 外部分析
   C. 流动性分析　　　　　　　　　D. 收益性分析

5. 在进行财务分析工作时，分析工作的开始点和关键点是（　　）。（单选题）
   A. 搜集分析资料　　　　　　　　B. 进行具体分析
   C. 明确分析目标　　　　　　　　D. 编写分析报告

### 任务 5.3.2　横向分析

横向分析是指一个企业与其他企业在同一时点（或时期）进行比较。在进行横向分析时，需要按照一定的标准选择对比企业。

对比企业的选择基于业务可比性与财务可比性两方面进行筛选。业务可比性是指该企业与可比企业属于同一行业，提供的产品与服务相同或类似，并且累计经营当前业务已经有一定的年限，有着相同的客户与终端市场。财务的可比性主要是指该企业与可比企业在各方面财务能力上具有可比性。

案例企业 AJHXJL 属于黑色金属采选业，非上市公司。我们从业务可比性和财务可比性两方面选择的对比公司为在深交所上市的金岭矿业。

金岭矿业始建于 1948 年，2006 年在深圳证券交易所上市，公司全资控股金召矿业、金钢矿业，控股喀什球团，参股金鼎矿业、山钢财务公司，拥有员工 2 800 余人。

金岭矿业属于黑色金属采选业，主营业务是铁矿石开采，铁精粉、铜精粉、钴精粉、球团矿的生产、销售及机械加工与销售。主要产品包括铁精粉、铜精粉、钴精粉、球团矿。全资子公司金召矿业以铁矿石开采、销售、对外工程施工为主，控股子公司金岭球团以生产、销售球团矿为主。

金岭矿业是国内以铁矿石采选为主营业务的上市公司，具有优质铁矿石资源，公司铁矿石品位与开采条件均优于国内同类地下开采的铁矿矿山，属于国内富矿之一，主要产品铁精粉获得国家同类产品唯一"金质奖章"。公司产品为磁性铁精粉且为自熔性矿，是各大钢厂造球、炼钢的原材料，加之品位高，S、P、$SiO_2$、$TiO_2$ 等有害元素含量低，产品销路较好。

## 任务 5.4　实战演练——经营者角度分析

【案例背景】2019 年 10 月 8 日，财务大数据分析师对 AJHXJL 公司四大能力进行分析，利用财报数据与业务数据，计算盈利、偿债、营运和发展能力的指标，通过纵向分析与横向对比发现差距，通过数据溯源找到问题，为经营决策提供数据支撑。

【任务实现】完成上述目标，需要以下步骤。
（1）计算指标，根据分析需求确定指标，有些指标不是报表项目，需要进行计算。
（2）进行同比和环比分析。
（3）对同比和环比分析中变化异常的项目进行数据溯源，找到变化的原因。
（4）与同行业对比企业进行横向比较。
（5）解读横向对比的结果。
（6）进行可视化看板设计，做出反映某一能力的完整看板。

### 5.4.1　企业盈利能力分析、异常值监控与数据挖掘

#### 1. 指标选取与计算

体现盈利能力的指标有很多，其中最重要的是企业的基本情况，也就是收入、成本和利润三个方面，所以我们选择从这三个方面对 AJHXJL 公司进行分析，指标选择为营业收入、营业成本、营业利润和息税前利润。时间维度是 2019 年 10 月，分析前三季度的指标值。

营业收入、营业成本和营业利润是利润表的报表项目，无须公式计算，在分析云中可直接作为指标使用。

息税前利润需要在分析云中新增指标，设置公式计算指标数值，操作步骤如下。

**步骤一：** 单击"指标"右侧的＋按钮，选择"计算字段"，如图 5-50 所示。

图 5-50　新增计算字段

**步骤二**：编辑字段信息。
名称：息税前利润。
字段类型：数字。
表达式：利润总额＋利息支出（可用财务费用替代）。
编辑完成后单击【确定】按钮，指标新增成功，在"指标"处的最下方可以看到新增的指标"息税前利润"，如图 5-51 所示。

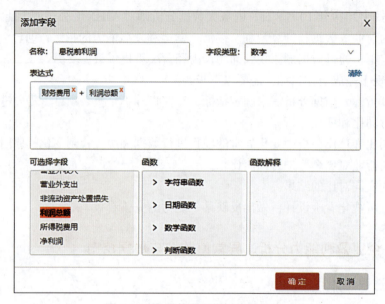

图 5-51　息税前利润指标编辑字段

**步骤三**：设置维度与指标。维度为空值，指标选择"息税前利润"。
**步骤四**：设置过滤条件，查询 2019 年前三季度的数据。
单击【过滤】按钮，年等于 2019，季度包含 Q1、Q2、Q3，如图 5-52 所示。

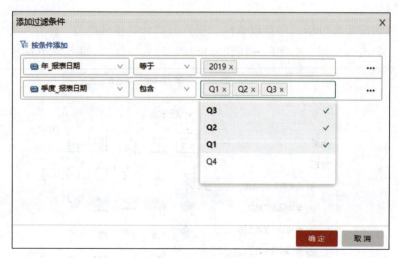

图 5-52　设置查询条件

**步骤五**：设置图形，可以选择指标卡，如图 5-53 所示。

项目 5　大数据背景下的财报分析

图 5-53　设置维度、指标与图形

**步骤六：**设置完毕单击【保存】按钮并退出，回到可视化看板查看可视化数据。参考上述步骤，依次做出其他三个盈利能力指标，如图 5-54 所示。

图 5-54　盈利能力本期指标

## 2. 环比分析

分别将营业收入、营业成本、营业利润及息税前利润四个指标数据进行 2019 年 9 月与 2019 年 8 月环比分析，操作步骤如下。

**步骤一：**新建可视化，将其命名为"环比分析"，数据表使用 AJHXJL 利润表。

**步骤二：**设置维度与指标，维度为空值，指标分别选择营业收入、营业成本、营业利润、息税前利润。

视频：盈利能力分析

**步骤三：**选择适合本数据指标的图形，可以选择表格。

**步骤四：**设置环比值。在各指标中选择高级计算中的"同比 / 环比"，如图 5-55 所示。

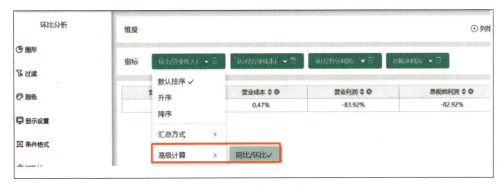

图 5-55　选择环比设置

111

【注意】由于我们做分析的数据是2019年9月环比2019年8月，所选日期应该对应选择2019年9月的月份数，依次将营业收入、营业成本、营业利润及息税前利润做"同比/环比"设置。设置参数如下，如图5-56所示。

图5-56　环比值设置

**步骤五**：设置完毕单击【保存】按钮并退出，回到可视化看板查看可视化数据。参考上述步骤，依次做出其他三个盈利能力指标的环比值，如图5-57所示。

| 环比分析 | | | |
|---|---|---|---|
| 营业收入 | 营业成本 | 营业利润 | 息税前利润 |
| 0.58% | 0.47% | -83.92% | -82.92% |

图5-57　盈利能力环比分析

### 3. 环比异常项数据溯源

环比数据分析中可见2019年9月较8月营业利润下降83.92%，但营业收入与成本均为正增长，增长比率仅相差1%左右，较为接近；说明在营业收入增长的同时，营业成本正比例同等增长，营业成本的增长对营业利润的影响并不大。仅参考比率表面数据指标是无法得到营业利润下降的原因的，还需要使用分析云进行深入洞察分析。下面就以营业利润为例，查找异常项数据溯源，操作步骤如下。

**步骤一**：新建可视化。将其命名为"环比值下降原因洞察"，数据表用AJHXJL利润表。

**步骤二**：设置维度与指标。维度选择年和月（升序排列），指标选择"营业利润"。

**步骤三**：选择合适数据指标的图形，可选择折线图。

**步骤四**：设置过滤条件。环比分析是2019年9月与8月的数据进行环比，所以过滤条件为年等于2019，如图5-58所示。

图5-58　设置过滤条件

**步骤五**：指标解读。查找 2019 年 9 月与 8 月环比值下降原因。考虑到营业利润受收入、成本、费用及投资收益等财务指标的影响，依次从指标中选择所需指标数据，与营业利润折线图进行匹配，找到一条曲线与营业利润曲线趋势一致的指标，视该指标为影响营业利润变动的主要原因。如图 5-59 所示，投资收益曲线与营业利润曲线的趋势基本吻合，可以说明本期营业利润受投资收益影响较大。

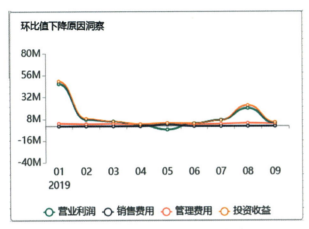

图 5-59　环比值下降原因洞察

### 4. 同比分析

分别将营业收入、营业成本、营业利润及息税前利润四个指标数据进行 2019 年 9 月与 2018 年 9 月同比分析。操作步骤基本等同于环比分析，只需调整"同比/环比"设置参数。将"报表日期"选为"月"，将"对比类型"中的"环比"改为"同比"。

【注意】由于我们做分析的数据是 2019 年 9 月同比 2018 年 9 月，"所选日期"应该选择"2019 年 9 月"。"间隔"时间选择"1"年，如图 5-60 所示。

图 5-60　同比设置

依次将营业收入、营业成本、营业利润及息税前利润做"同比/环比"设置。参考上述步骤，依次将其他指标做同比分析。从指标数据看，营业收入与营业成本同比例增长的同时，营业利润反而大幅度下滑，息税前利润受财务费用影响，与营业利润正比例下滑，如图 5-61 所示。

同比分析

| 营业收入 | 营业成本 | 营业利润 | 息税前利润 |
|---|---|---|---|
| 43.45% | 43.72% | -108.52% | -108.78% |

图 5-61　可视化看板数据

## 5. 同比异常项数据溯源

同比值原因洞察操作步骤基本等同于环比值下降原因洞察，只需调整过滤值参数设置。由于是 2019 年 9 月与 2018 年 9 月同比分析，所以将过滤条件设置为年包含 2018 年和 2019 年，月份包含 08、09、10、11、12，如图 5-62 所示。

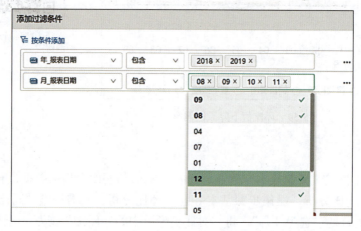

图 5-62　过滤条件设置

对维度中年份和月份按照升序排列，可以看到年份从 2018 排到 2019，月份从 08 排到 12。然后依次从指标中选择所需指标数据（影响利润的因素，如费用、投资收益等），直到找到一条曲线与营业利润曲线一致的，就是主要影响利润下降的原因。从指标看，投资收益为影响营业利润下滑的主要原因，而销售费用与管理费用对营业利润下滑的影响基本无关，如图 5-63 所示。

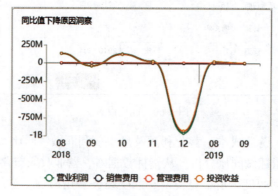

图 5-63　同比下降原因洞察

## 6. 横向对比

了解 AJHXJL 公司的盈利能力指标后，需要进一步了解 AJHXJL 公司在本行业内的情况是否达到行业内均值水平，与对标公司金岭矿业对比，AJHXJL 公司的盈利能力指标存在的差距。下面是对营业收入、营业成本、营业利润、息税前利润进行的横向对比操作。

操作步骤如下。

**步骤一：**新建追加数据集。

打开分析云，选择【数据准备】，单击【新建】按钮，选择"追加数据集"。编辑数据集名称为"AJHXJL&金岭利润表数据集"，存放在"我的数据"文件夹里，单击【确定】按钮，如图 5-64 所示。

图 5-64　创建数据集

分别选择 AJHXJL 和金岭公司的利润表，并进行每个科目的校对，需要准确对应上每一个会计科目，如果没有核对上，可以空白。由于合并数据集需要数据集物化（也就是数据静态化，不再会根据数据源变化而变化），需要做以下操作：两个利润表数据集中进入编辑状态，单击右上角的【实时】按钮，选择数据物化后保存；单击【执行】按钮并保存数据集，如图 5-65 所示。

图 5-65　追加数据集设置

**步骤二**：新建可视化。

将其命名为"指标横向对比"，数据表使用 AJHXJL 公司与金岭公司的利润表数据集。

**步骤三**：设置维度与指标。

维度选择"公司名称"（升序排列）和"年"（升序排列），指标选择"营业收入"。

**步骤四**：选择适合本数据指标的图形，可以选择柱状图。

**步骤五**：设置颜色。

为了清楚地看到两家公司的对比结果，我们可以给两家公司设置不同颜色。单击【颜色】按钮，把维度中的公司名称拖拉曳至颜色设置区域，选择颜色后单击【确定】按钮。设置完毕，单击【保存】并退出。回到可视化看板，查看对比结果，如图 5-66 所示。

图 5-66 颜色设置

【注意】在做可视化看板时，为了使看板更加美观，可以对图表上的数据进行格式设置，更改显示的单位。以营业收入为例，单击指标营业收入，在下拉菜单中选择【数据格式】，设置缩放率为 100 000 000，启用千分位，小数位保留 2 位，设置完毕单击【确定】按钮。再进行显示名称的设置，单击【设置显示名】按钮，输入别名"营业收入（亿元）"，单击【确定】按钮，如图 5-67 所示。

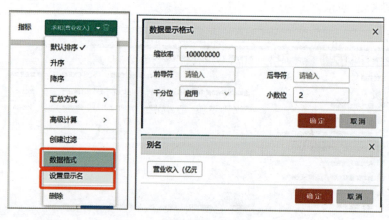

图 5-67 数据格式与设置显示名

**步骤六**：分别将营业成本、营业利润、投资收益做横向对比，操作步骤同上，结果如图 5-68 所示。

| 指标横向对比-营业利润 | | | | | |
|---|---|---|---|---|---|
| 年_报表日期 | 2015 ⇕ | 2016 ⇕ | 2017 ⇕ | 2018 ⇕ | 2019 ⇕ |
| AJHXJL矿业 | 11.00 | 3.45 | 13.89 | 1.66 | 0.91 |
| 金岭矿业 | -0.92 | -6.10 | -2.48 | 1.31 | 2.19 |

| 指标横向对比-投资收益 | | | | | |
|---|---|---|---|---|---|
| 年_报表日期 | 2015 ⇕ | 2016 ⇕ | 2017 ⇕ | 2018 ⇕ | 2019 ⇕ |
| AJHXJL矿业 | 12.08 | 4.88 | 14.86 | 2.48 | 1.07 |
| 金岭矿业 | 0.31 | 0.02 | 0.36 | 0.15 | 0.35 |

| 指标横向对比-营业收入 | | | | | |
|---|---|---|---|---|---|
| 年_报表日期 | 2015 ⇕ | 2016 ⇕ | 2017 ⇕ | 2018 ⇕ | 2019 ⇕ |
| AJHXJL矿业 | 14.86 | 12.28 | 21.61 | 19.27 | 17.38 |
| 金岭矿业 | 7.86 | 6.26 | 10.44 | 10.41 | 10.19 |

| 指标横向对比-营业成本 | | | | | |
|---|---|---|---|---|---|
| 年_报表日期 | 2015 ⇕ | 2016 ⇕ | 2017 ⇕ | 2018 ⇕ | 2019 ⇕ |
| AJHXJL矿业 | 14.46 | 11.92 | 21.32 | 19.04 | 17.20 |
| 金岭矿业 | 7.02 | 5.84 | 6.84 | 7.90 | 7.31 |

图 5-68　营业收入、营业成本、营业利润、投资收益横向对比

### 7. 横向对比结果分析

我们使用分析云分别计算出 2015—2019 年五年的营业收入、营业成本、营业利润及投资收益指标，进一步分析 AJHXJL 公司与行业内对标公司金岭矿业的各项指标情况，从而判断 AJHXJL 公司的财务指标水平是好还是坏。

观察营业收入指标，AJHXJL 公司历年营业收入指标均大幅度高于行业内对标公司金岭矿业。纵观其五年变化趋势，2016 年 AJHXJL 公司与金岭矿业营业收入均小幅度下滑（AJHXJL 下滑 17%，金岭下滑 20%），可见 AJHXJL 公司 2016 年营业收入下滑的主要原因是受市场环境影响的行业趋势为主。2017 年 AJHXJL 公司与金岭矿业营业收入均大幅攀升（AJHXJL 增长 76%，金岭增长 67%），可见采矿业出现回暖。随后两年，AJHXJL 公司营业收入虽呈下滑趋势，但都大幅度高于对标企业金岭矿业的营业收入。从营业收入角度看，AJHXJL 公司明显优于金岭矿业。

观察营业成本指标，在营业收入增长的同时，营业成本随之增长，但 AJHXJL 矿业公司营业成本的增长幅度却大幅高于营业收入的增长幅度。观察两家公司的毛利，可发现 AJHXJL 公司五年毛利均在 0.02 亿～ 0.03 亿元上下浮动，基本保持稳定不变，但毛利无法覆盖其销管财费用。对比金岭矿业，五年毛利总体呈上升趋势，2017 年之后毛利可覆盖其销管财费用，可见金岭矿业加大对营业成本的控制，而 AJHXJL 矿业公司在营业成本管控方面需加强管理，如图 5-69 所示。

| 指标横向对比-营业收入与成本差额 | | | | | |
|---|---|---|---|---|---|
| 年_报表日期 | 2015 ⇕ | 2016 ⇕ | 2017 ⇕ | 2018 ⇕ | 2019 ⇕ |
| AJHXJL矿业 | 0.03 | 0.03 | 0.02 | 0.02 | 0.02 |
| 金岭矿业 | 0.84 | 0.42 | 3.59 | 2.51 | 2.88 |

| 指标横向对比-销管财费用小计 | | | | | |
|---|---|---|---|---|---|
| 年_报表日期 | 2015 ⇕ | 2016 ⇕ | 2017 ⇕ | 2018 ⇕ | 2019 ⇕ |
| AJHXJL矿业 | 0.14 | 0.16 | 0.10 | 0.09 | 0.03 |
| 金岭矿业 | 1.82 | 1.68 | 2.21 | 1.45 | 0.72 |

图 5-69　毛利与销管财费用小计

观察营业利润与投资收益指标，投资收益只是影响营业利润的一个科目，最终影响营业利润的，不仅有投资收益，还有很多的损益类科目。例如，营业利润还受公允价值变动损益、资产减值损失、管理费用、财务费用、销售费用、营业收入、营业成本等的影响。

在本案例中,营业成本与销管财费用均合理浮动下,投资收益对营业利润的影响尤为突出。2016 年、2018 年与 2019 年,三年的投资收益下滑严重导致营业利润的下降,其营业利润过多依赖于投资收益,而不是从主营业务中获利,投资失利的发生对公司整体利润的影响较大,AJHXJL 矿业公司应该及时调整公司战略,减少投资收益对营业利润的影响占比。

8. 可视化看板设计

在可视化看板上,可以更改可视化图表的位置与大小,更改标题或字体的位置或大小等。如图 5-70 所示,右侧是可视化看板的编辑窗口,可进行画布、封面及主体的更改设置。

视频:盈利能力指标的可视化看板设计

图 5-70 可视化看板设计

## 任务 5.4.2 企业偿债能力分析、异常值监控与数据挖掘

1. 指标选取与计算

指标选择资产负债率、流动比率、速动比率、现金比率。这些指标都需要新增字段进行计算。我们以资产负债率的设置为例。

资产负债率指标需要在分析云中新增指标,设置公式计算指标数值,操作步骤如下:

**步骤一:** 新建可视化,将其命名为"资产负债率",数据表用 AJHXJL 资产负债表。

**步骤二:** 设置维度与指标。维度选择空,指标选择"资产负债率"。需要新建指标字段,单击"指标"右侧的 + 按钮,选择"计算字段"如图 5-71 所示,编辑字段信息如图 5-72 所示。

名称:资产负债率。

字段类型:数字。

表达式:avg(负债合计)/avg(资产总计)。

编辑完成,单击【确定】按钮,指标新增成功,在"指标"处的最下方可以看到新增的指标"资产负债率"。

项目 5　大数据背景下的财报分析

图 5-71　新增计算字段

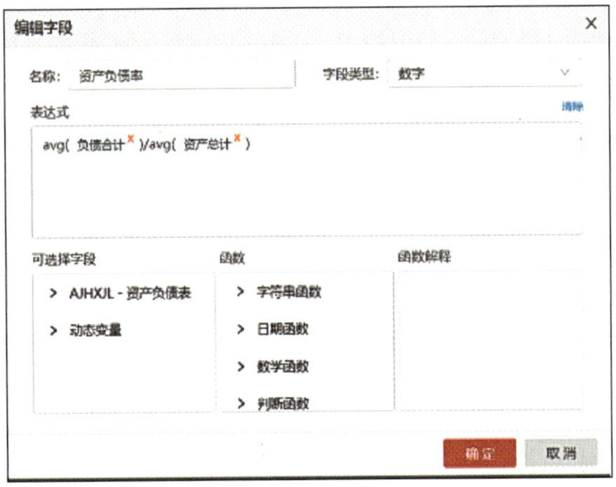

图 5-72　编辑字段

**步骤三**：设置过滤条件。将年设置为 2019，如图 5-73 所示。

图 5-73　设置过滤条件（1）

**步骤四**：指标解读。将其他偿债能力指标在分析云上进行计算，操作步骤同资产负债率。操作完毕回到可视化看板查看可视化数据，如图 5-74 所示。从数据结果看，AJHXJL 公司的现金比率过低。速动比率与合理值 1 相比仍有一定的差距，进一步表明企业偿还短期债务的能力还有待加强。此外，AJHXJL 公司的资产负债率为 0.49，接近行业水平，表明企业总资产中约有 50% 是通过负债筹集的，举债经营能力较强，财务风险适中。

119

| 资产负债率 | 流动比率 | 速动比率 | 现金比率 |
|---|---|---|---|
| 0.49 | 0.85 | 0.85 | 0.04 |

图 5-74  偿债能力指标

### 2. 偿债能力指标行业对比

了解本企业的偿债能力指标后，需要参考同行业的偿债能力指标均值，依次判断本企业的偿债能力水平的高低。以资产负债率为例，操作步骤如下。

**步骤一**：新建可视化，将其命名为"资产负债率行业均值"，数据表用 xbrl。
**步骤二**：设置维度、指标。维度选择为空值，指标选择"资产负债率"。
**步骤三**：选择适合本指标的图形，可以选择指标卡。
**步骤四**：设置过滤条件。AJHXJL 矿业公司属于采矿业，我们需要从 XBRL 表内选取所有采矿业的公司，计算其均值与 AJHXJL 公司的资产负债率做对比。考虑到分析时间是 2019 年 10 月，此时还没有完整的 2019 年行业数据，所以可选择 2018 年行业均值数据做参考，报表类型选择 5 000，如图 5-75 所示。

【注意】上交所获取不同类型报表所设置的数字为年报 5 000、一季报 4 000、半年报 1 000、三季报 4 400。

图 5-75  设置过滤条件（2）

**步骤五**：指标解读。参考资产负债率的操作步骤，依次做出其他偿债能力指标数据，如图 5-76 所示。对比行业均值数据，可以发现 AJHXJL 公司的现金比率 0.04 严重低于行业均值 0.33。一般认为，现金比率在 0.2 以上为好，但 AJHXJL 公司的现金比率不仅低于行业均值，还低于 0.2，具体原因是什么，需要进一步挖掘。

| 资产负债率行业均值 | 流动比率行业均值 | 速动比率行业均值 | 现金比率行业均值 |
|---|---|---|---|
| 资产负债率 | 流动比率 | 速动比率 | 现金比率 |
| 0.46 | 0.92 | 0.65 | 0.33 |

图 5-76  行业均值

### 3. 异常指标的数据洞察与溯源

分析现金比率异常的原因，首先需要做现金比率纵向分析，查看 AJHXJL 公司历年现金比率趋势，然后深入洞察每年影响现金比率变化的原因。

**步骤一：**新建可视化，将其命名为“现金比率纵向分析”，数据表用 AJHXJL 资产负债表。

**步骤二：**设置维度与指标。维度选择“年”，指标选择“现金比率”。指标里如果没有现金比率指标，可以单击“指标”右侧的+按钮，新建指标字段，字段编辑如图 5-77 所示。

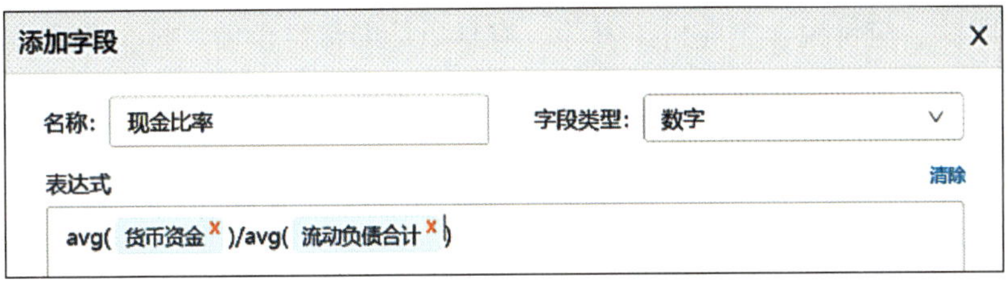


图 5-77　现金比率字段编辑

名称：现金比率。

字段类型：数字。

表达式：(avg (货币资金 (元)) +avg (交易性金融资产 (元))) /avg (流动负债合计 (元))

【注意】AJHXJL 公司没有交易性金融资产，所以在此处仅使用货币资金数据。

**步骤三：**选择适合该数据的图形，可以选择表格。

**步骤四：**指标解读。回到可视化看板，查看现金比率纵向分析数据，如图 5-78 所示，发现从 2016 年开始，现金比率波动较大，并呈递减趋势，2018 年为最低值 0.02。

现金比率纵向分析

| 年_报表日期 | 现金比率 |
|---|---|
| 2015 | 0.21 |
| 2016 | 0.08 |
| 2017 | 0.03 |
| 2018 | 0.02 |
| 2019 | 0.04 |

图 5-78　现金比率纵向分析

**步骤五：**现金比率影响因素分析。由现金比率的公式可以看出，影响现金比率的因素是货币资金和流动负债，下面我们逐步分析这两个指标历年的情况，如图 5-79 所示，找出具体的影响因素。通过分析云计算我们可以看出，2015—2018 年，AJHXJL 公司的流动负债总体呈上升趋势，最高甚至达 356.55 亿元，而货币资金却一路走低，2018 年时仅有 7.31 亿元，占当年流动负债的 2%。因此，两方因素共同作用导致公司的现金比率较低，可能会影响每月必须支付项目的按期支付，例如每月工资的正常发放、税款的及时缴纳等。

现金比率影响因素分析

| 年_报表日期 | 货币资金（亿元） | 流动负债合计（亿元） |
|---|---|---|
| 2015 | 63.20 | 308.09 |
| 2016 | 24.79 | 305.62 |
| 2017 | 11.43 | 356.55 |
| 2018 | 7.31 | 342.70 |
| 2019 | 7.43 | 198.33 |

图 5-79　现金比率影响因素分析

### 4. 分析负债结构

了解AJHXJL公司的现金比率下降的原因后，再进一步了解AJHXJL公司的负债情况。负债对企业的财务风险影响较大，如果不及时偿还，有可能使企业面临倒闭的危险。企业的负债主要包括银行借款、发行债券、租赁、经营活动形成的负债等多个方面，例如预收账款、应付账款、应付税金、应付工资等。有息负债即带息负债，指企业在负债当中需要支付利息的债务，例如短期借款、长期借款和应付债券；与之相反，无须支付利息的债务就是无息负债，例如应付账款、其他应付款等。

分析负债的结构可以看出企业自身造血能力与现金流好坏。下面是AJHXJL公司2019年的负债结构分析，操作步骤如下。

**步骤一**：新建可视化，将其命名为"本期负债结构"，数据表使用AJHXJL资产负债表。

**步骤二**：设置维度与指标。维度为空值，指标选择"有息负债""无息负债"。如果指标里没有有息负债、无息负债指标，需要新建指标，单击"指标"右侧加号按钮，编辑字段信息，参考如下。

名称：有息负债。

字段类型：数字。

表达式：有息负债 = 短期借款 + 应付票据 + 长期借款，如图5-80所示。无息负债 = 应付账款 + 预收款项 + 应付职工薪酬 + 应交税费 + 应付利息 + 应付股利 + 其他应付款，如图5-81所示。

图5-80　有息负债字段编辑

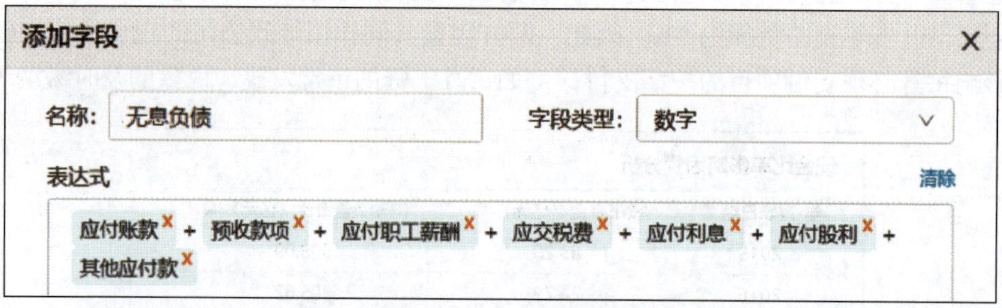

图5-81　无息负债字段编辑

**步骤三**：选择适合本指标的图形，可以选择环形图或饼图。

**步骤四**：设置过滤条件。由于分析的是2019年的指标数据，所以需要添加过滤条件年等于2019，如图5-82所示。

图 5-82　设置过滤条件

**步骤五**：指标解读。从分析结果看，AJHXJL 公司的有息负债与无息负债比例基本均等，如图 5-83 所示。通过进一步分析有息负债与无息负债的结构可以看出，85% 的有息负债来自短期借款，如图 5-84 所示。而 64% 的无息负债来自其他应付款，可以看出 AJHXJL 公司现金流紧张，企业资金周转不开。而短期借款会给 AJHXJL 公司一定的付息压力，应适当进行长期借款，缓解资金的需求压力。

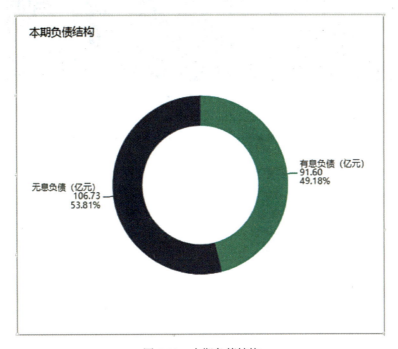

图 5-83　本期负债结构

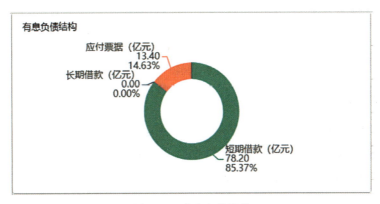

图 5-84　有息负债结构

## 5. 可视化看板设计

单击下图红框图表，可进行可视化看板设计，如图 5-85 所示。

图 5-85　可视化看板

## 任务 5.4.3　企业营运能力分析、异常值监控与数据挖掘

### 1. 指标的选取与计算

指标选择应收账款周转天数、存货周转天数、流动资产周转天数、总资产周转天数，这些指标都需要进行新增字段，设置计算公式。以应收账款周转天数的设置为例，操作步骤如下。

**步骤一**：新建可视化，将其命名为"应收账款周转天数"，数据表用 AJHXJL 资产负债表 & 利润表合集。关于数据表合集在项目三中有介绍，此处不再做详细演示。

**步骤二**：设置维度与指标。指标为空值，维度选择"应收账款周转天数"。如果指标里没有应收账款周转天数，需要新建该指标，单击"指标"右侧的＋按钮，编辑字段信息，如图 5-86 所示。

名称：应收账款周转天数。

字段类型：数字。

表达式：360×avg（应收账款）/sum（营业收入）

单击【确定】按钮。

图 5-86　应收账款周转天数字段编辑

**步骤三**：选择适合该指标的图形，可以选择指标卡。

**步骤四**：设置过滤条件。由于是分析2019年的数据，所以这里需要选择年等于2019，如图5-87所示。

图5-87　设置过滤条件

**步骤五**：指标解读。单击【保存】按钮并退出，回到可视化看板，查看可视化数据，并依次做出其他营运能力指标数据，如图5-88所示。从数据指标看，AJHXJL公司的应收账款周转天数仅为2.09，说明AJHXJL公司收回款项并转换为现金所需要的时间是2.09天，AJHXJL公司的流动资金使用效率较好。

| 应收账款周转天数本期数 | 存货周转天数 | 流动资产周转天数 | 总资产周转天数 |
|---|---|---|---|
| 2.09 | 0.00 | 386.07 | 927.09 |

图5-88　营运能力指标

### 2. 横向对比

将应收账款周转天数、存货周转天数、流动资产周转天数、总资产周转天数与金岭矿业公司进行对比。我们需要新建一个金岭矿业的数据集，把利润表与资产负债表进行连接。

横向对比金岭矿业公司营运能力指标数据，操作步骤如下。

**步骤一**：新建可视化，将其命名为"应收账款周转天数横向对比——金岭矿业"，数据表用金岭资产负债表&利润表合集。

**步骤二**：设置维度与指标。指标为空值，维度选择"应收账款周转天数"。如果指标里没有应收账款周转天数，可以新建该指标，新建步骤可参考AJHXJL公司应收账款周转天数操作步骤。

**步骤三**：选择适合该指标的图形，可以选择指标卡。

**步骤四**：设置过滤条件，由于对比年份是2019，所以过滤条件选择年等于2019，如图5-89所示。

图5-89　设置过滤条件

**步骤五**：参考上述操作步骤，依次把其他三个指标的横向对比进行操作。返回可视化看板，查看横向对比指标，如图5-90所示。

| 应收账款周转天数横向对比-金岭矿业 | 存货周转天数横向对比-金岭矿业 | 流动资产周转天数横向对比-金岭矿业 | 总资产周转天数横向对比-金岭矿业 |
|---|---|---|---|
| 29.59 | 50.00 | 458.57 | 1010.72 |

图 5-90　横向对比指标

**步骤六**：指标解读。对比 AJHXJL 矿业公司与金岭矿业公司的营运能力指标，可以发现 AJHXJL 公司应收账款周转天数 2.09 较比对标公司数据呈现过低趋势，而 AJHXJL 公司的存货周转天数为 0 更突显 AJHXJL 公司的政策较为紧缩，AJHXJL 公司在整个产业链中处于强势地位。相比之下，AJHXJL 公司的流动资产周转天数与总资产周转天数略低于金岭矿业。

### 3. 数据洞察与溯源

AJHXJL 公司的应收账款周转天数低于对标企业，我们深入洞察，了解一下 AJHXJL 应收账款周转天数的历年变化趋势。具体操作步骤如下。

**步骤一**：新建可视化，将其命名为"应收账款周转天数历年趋势"，数据表用 AJHXJL 资产负债表 & 利润表合集。

**步骤二**：设置维度与指标。维度选择"年"（升序排列），指标选择"应收账款周转天数"。

**步骤三**：选择适合该指标的图形。

**步骤四**：按照应收账款周转天数历年趋势的操作步骤，依次完成其他指标的历年趋势分析。

**步骤五**：指标分析。如图 5-91 所示，2017 年开始，AJHXJL 公司各项指标均发生改变，例如应收账款周转天数开始递减，而存货周转天数变为零，流动资产周转天数开始大幅上升，只有总资产周转天数起起伏伏。可见，AJHXJL 公司从 2017 年开始调整了公司政策，加强了流动资金的管理。

图 5-91　营运指标历年趋势

**步骤六**：可视化看板设计。设计结果如图 5-92 所示。

### 任务 5.4.4　企业发展能力分析、异常值监控与数据挖掘

发展能力分析是四大能力分析的最后一个环节，企业未来有无发展空间，后劲是否充沛，可以在发展能力的各项指标分析中得到答案。我们在发展能力指标中挑选了具有代表性的指标进行分析，例如营业收入、营业利润、利润总额、资产、所有者权益的本期增长情况，并将上述指标与行内对标企业金岭矿业进行指标对比，分析对比结果，查看 AJHXJL 公司的发展能力好坏，并深入洞察营业利润及所有者权益下降的原因。

项目 5 大数据背景下的财报分析

图 5-92 看板设计

### 1. 指标的选取与计算

指标选择营业收入增长率与增长额、营业利润增长率与增长额、利润总额增长率与增长额、总资产增长率与增长额、所有者权益增长率与增长额。增长率与增长额的计算不用新增指标，用同比计算即可实现。以营业收入增长率与增长额的设置为例，操作步骤如下。

**步骤一**：新建可视化，将其命名为"营业收入增长率与增长额"，数据表用 AJHXJL 资产负债表 & 利润表合集。

**步骤二**：设置维度与指标。维度为空值，指标选择"营业收入"，因为涉及增长率与增长额，所以需要两次拖拉"营业收入"到指标区域。

**步骤三**：选择适合该指标的图形，可以选表格。

**步骤四**：设置同比值。按年同比，2019 年同比 2018 年，计算增长率和增长额，设置字段，如图 5-93 所示。

【**注意**】一个同比设置为计算增长率，另一个同比设置为计算增长额。

图 5-93 增长率与增长额设置

127

**步骤五**：指标解读。参考上述操作步骤，依次完成其他指标的计算，如图 5-94 所示。从各项指标中可以明显看出，AJHXJL 公司 2019 年的财务指标呈下降趋势。

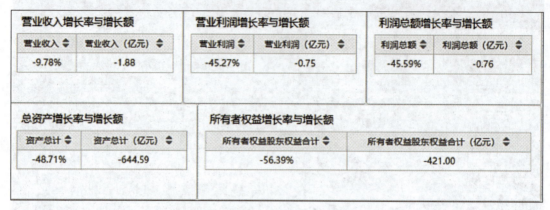

图 5-94　增长率与增长额指标

### 2. 数据洞察

查找指标下降的原因，需要对每个指标进行具体的分析。我们以所有者权益为例，演示一下查找该指标下降的原因，操作步骤如下。

**步骤一**：新建可视化，将其命名为"所有者权益下降原因洞察"，数据表用 AJHXJL 资产负债表 & 利润表合集。

**步骤二**：设置维度与指标。维度选择"年"（升序排列），指标选择"所有者权益股东权益合计"（汇总方式为平均值）。

【**注意**】项目 4 中我们提到过，凡是资产负债表指标的计算都是用平均值 avg。

**步骤三**：设置图形，可以选择折线图。

**步骤四**：指标解读。影响所有者权益变动的因素包括实收资本、资本公积、未分配利润等因素，依次将影响指标拉拽到指标区域内，进行原因洞察。如图 5-95 所示，未分配利润对所有者权益变化的影响较大，两条曲线基本一致。当净利润不分配给投资者，等同于投资者将利润再投资到企业当中进行扩大再生产，那么所有者权益是会增加的。而当企业决定对未分配利润进行分配时，投资者获得分红，所有者权益将减少。

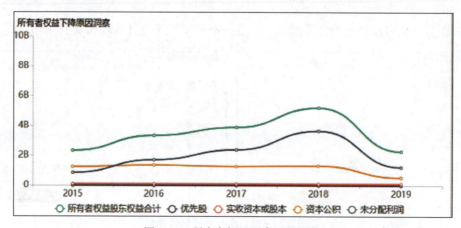

图 5-95　所有者权益下降原因洞察

# 项目 5　大数据背景下的财报分析

如之前所述,AJHXJL 公司的投资收益对营业利润影响很大,从分析云做出的营业利润下降原因洞察可明显看出投资收益与营业利润曲线变动保持一致,如图 5-96 所示。

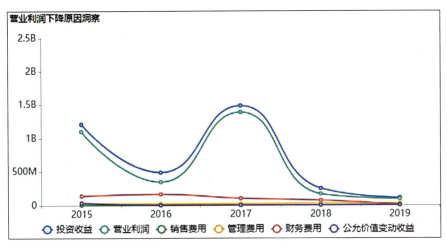

图 5-96　营业利润下降原因洞察

## 3. 横向对比

在横向对比中,将 AJHXJL 公司与金岭矿业公司各项发展指标进行对比。金岭矿业指标计算方法参考 AJHXJL 公司操作步骤即可,结果如图 5-97 所示。

| 营业收入增长率与增长额-横向对比 | | 营业利润增长率与增长额-横向对比 | |
|---|---|---|---|
| 营业收入 ⇅ | 营业收入(亿元) ⇅ | 营业利润 ⇅ | 营业利润(亿元) ⇅ |
| -2.15% | -0.22 | 67.00% | 0.88 |

| 资产增长率与增长额-横向对比 | | 利润总额增长率与增长额-横向对比 | |
|---|---|---|---|
| 资产总计 ⇅ | 资产总计(亿元) ⇅ | 利润总额 ⇅ | 利润总额(亿元) ⇅ |
| 5.33% | 1.45 | 68.01% | 0.88 |

| 所有者权益增长率与增长额-横向对比 | |
|---|---|
| 所有者权益或股东权益合计 ⇅ | 所有者权益或股东权益合计(亿元) ⇅ |
| 7.39% | 1.78 |

图 5-97　金岭矿业发展能力指标

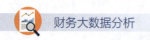

## 任务 5.5　撰写企业经营分析报告

### 1. 企业经营分析报告概述

业务经营分析报告是对业务经营活动进行科学分析的书面报告。通过对某一时期、某项业务经营活动进行研究分析，肯定成绩，查找不足，揭露矛盾，提出建议，为领导提供决策依据。通常情况下，业务经营分析报告可划分为两大类：一类是综合分析报告，它是对某一时期某一单位的业务经营活动进行较为全面系统的分析研究而形成的书面报告；另一类是专项分析报告，它是对业务经营活动中的某一突出问题，进行专题分析研究而形成的书面报告。本书项目 5 要求编写的是反映企业整体经营的综合分析报告，项目 6、项目 7 和项目 8 是专项分析，要求编写的是专项分析报告。

### 2. 企业经营分析报告的结构

（1）企业简介

根据"经营分析背景资料"中的信息，提炼出企业的主营业务、组织架构等信息。

（2）企业财务状况分析

四大能力的分析评价包括盈利能力、偿债能力、营运能力、发展能力。

每一项能力要求作出可视化看板，根据指标数据及与标杆企业的对比，判断该企业盈利能力的强弱；根据同比、环比数据及原因洞察，找出盈利能力变动的原因。

（3）企业总体经营分析评价

根据四大能力的分析，对企业做出总体综合评价，根据分析中发现的问题，提出相关的改进建议。

## 任务 5.6　实战演练——企业经营分析报告撰写

【任务目标】撰写企业经营分析报告。

【任务描述】参照经营分析报告模板，做出一份经营分析报告。

【操作步骤】进入财务大数据课程平台，点选"团队作业：提交经营分析报告"，按要求完成分析报告的编写，由组长提交报告。

【实战演练】

### 1. 企业盈利能力分析与问题溯源

（1）利用盈利能力的各项指标近 5 年的数据及与标杆企业对比的情况，判断该企业盈利能力的变动趋势及强弱。

（2）根据参考资料中拓展数据，找出该企业盈利能力异常变动的原因，并判断该异常因素是否会影响企业未来的盈利状况。将可视化图表和分析结论整理成文档。

### 2. 企业偿债能力分析与数据洞察

（1）根据指标数据进行分析，判断该企业偿债能力的强弱。

（2）对负债结构进行分析，判断企业的负债结构是否合理。

（3）分析数据异常的指标，判断其对企业的影响。将可视化图表和分析结论整理成文档。

（4）企业营运能力分析与数据洞察。

（5）根据指标数据及与标杆企业的对比，判断该企业营运能力的强弱。

（6）根据纵向的趋势分析，找出异常指标，并分析原因。将可视化图表和分析整理成文档。

### 3. 企业发展能力分析与数据洞察

（1）根据指标数据，分析企业本期的发展能力。

（2）找出指标下降的原因。

（3）通过和标杆企业的对比，判断指标下降是否合理。将可视化图表和分析整理成文档上传。

### 4. 撰写企业经营分析报告

（1）提交公司财务状况综合分析报告，全面评价企业的经营状况，判断企业管理的问题，给出相应的管理建议。

（2）提交的 PPT 报告可以使用系统提供的参考模板，也可以自行设计。

视频：盈利质量综合分析报告汇报

微课：盈利质量分析

# 项目 6 资金数据管理

- **知识目标**

（1）了解资金管理的重要性。
（2）掌握资金的相关概念。
（3）掌握资金分析的相关指标。
（4）了解资金的来源结构。
（5）了解债务的构成。

- **技能目标**

（1）能够依据案例资料分析企业资金状况。
（2）能够使用数据表进行资金存量可视化分析。
（3）能够使用数据表进行资金来源可视化分析。
（4）能够使用数据表进行债务分析与预警可视化。

- **素养目标**

（1）树立学生通过数据思维进行数据分析的意识。
（2）强化学生独立钻研数据分析实操的职业素养。

## 思维导图

## 导读

麦肯锡指出："数据，已经渗透到当今每个行业和业务职能领域，成为重要的生产因素。"企业的资金管理工作，每天都会涉及许多资金数据。企业的资金流、筹资融资数据、资金管理报告等，无一不是数据。这些数据形式多样，存在于企业的各个环节中。如何有效地使用这些数据是资金管理工作人员需要思考的问题。大数据时代的到来，无疑给数据的分析和加工提出了全新的要求,并随着新技术的发展不断影响资金管理工作。

## 任务 6.1　认知资金数据管理

### 任务 6.1.1　提高资金分析效率

大数据的意义不仅在于其庞大的数据量,更重要的是,大数据可以通过大规模并行处理(massively parallel processing,MPP)数据库、数据挖掘、分布式文件系统、分布式数据库、云计算平台、互联网和可扩展的存储系统等特殊技术,对收集的海量数据进行更为迅速、有效的分析。以资金管理工作中的融资分析为例,通常是资金管理人员在收到业务部门的资金需求后,会进行相应的资金安排,利用企业内部的资金或通过银行贷款、发行股票、发行债券等方式进行融资。融资人员需要根据企业自身和业务的性质、企业的现状、对应项目的资金流特征、取得融资的难易程度、融资期限的长短等各种因素来决定融资方式。从提出融资需求到融资落地,通常需要一定时间。一般来讲,即使是一项简单的项目融资业务,从提出需求到融资落地,最快也需要 1 个月左右的时间。在大数据时代,通过数据的挖掘和分析,运用各种新技术,可以极大地缩短融资决策时间。过去可能需要 1 周的工作时间,现在利用大数据技术可能仅用几小时就可以完成。同时,数据的分析深度和维度也更为深入和广泛。过去可能需要依靠资深人员的经验去评判融资方式的可行性,而大数据技术通过内部和外部数据很快就能分析出哪种方式对于企业更为有利。因此,在大数据时代下,分析数据的能力、效率有了极大的提高。

### 任务 6.1.2　提升资金管理能力

在大数据时代背景下,大型企业的管理方式不断优化,大数据技术已经逐渐融入企业资金管理工作中,有效提升了企业资金的管理水平。资金管理工作是所有企业管理工作中极为重要的构成内容。对于企业来说,如果资金管理存在问题,资金管理工作效率低下,很容易影响企业的整体发展,致使企业在激烈竞争中失去主动地位。结合现代信息技术,可以提高企业内部的数据共享能力,各业务部门及各分公司、子公司可以将数据上传至云端,借助大数据技术将大量信息数据迅速分类并进行综合处理,能够有效规避因数据共享不到位导致的数据主体出现冲突等问题。同时,以大数据为基础,进行企业资金管理工作,能够科学地管理企业资金的运行。

### 任务 6.1.3　管控资金合理走向

在传统的企业资金管理工作中,所应用的管理模式较为传统,只能在一定阶段,对资金管理工作进行抽查与管理,对资金的监管能力较低,很容易出现管理者为了自身不正当利益损害企业利益等问题,对企业整体发展可能会带来极为不利的影响。但借助大数据管理方式及强大的网络信息技术与系统,可以随时随地对企业的资金走向进行管理与监察,

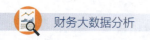

并能够根据资金实际情况,对企业发展构建科学策略;同时,还能及时发现资金管理工作存在的不足之处,最大限度规避资金管理存在的漏洞,进而强化资金的管理与合理应用,增强资金管控能力。

### 任务 6.1.4　降低资金管理风险

在资金管理具体工作中,首先,应根据企业实际情况,对资金流动及资金走向进行全面监控,确保企业每一笔资金都能得到合理运用,这样才能在最短时间内发现资金异常行为,从而提升资金风险防控能力。其次,要以大数据技术作为资金管理的重要工具,并对资金管理工作加以评估,最大限度降低资金管理存在的风险。

#### 建设司库管理体系,数智化转型打破数据壁垒

什么是司库管理体系?"司库"一词源于英文"treasury",是资产负债管理的一个组成部分,指对全部资金及其利率风险、流动性风险、汇率风险的管理。随着市场环境的越发复杂,以及新兴技术的不断发展,司库管理也逐渐形成完整的体系,成为具备战略导向和全局观念的现代化企业治理方式。

国务院国资委司库建设指导意见首次明确提出司库管理体系的定义:司库管理体系是企业集团依托财务公司、资金中心等管理平台,运用现代网络信息技术,以资金集中和信息集中为重点,以提高资金运营效率、降低资金成本、防控资金风险为目标,以服务战略、支撑业务、创造价值为导向,对企业资金等金融资源进行实时监控和统筹调度的现代企业治理机制。

如何建设更加完善的司库管理?

第一,构建可视化的司库管理体系。过去,收集业务数据、财务信息需要一级级整理、上报,动辄耗费数月来进行报告整理,花费了大量人力、物力。另外,还需要对数据反复核查,很可能出现纰漏。建立一个可视化、可控的司库管理体系,能够帮助企业省去大量人工与时间。通过深度业财融合和较高的数字化,与自动化和智能化系统相结合,使得司库管理更加清晰透明,并能制定更加科学完善的管理制度。

第二,依附创新技术协调发展。随着科技不断创新发展,企业司库管理可以借助先进技术实现资金高效运营的战略目标。通过推动信息化建设,司库管理体系可优化升级。其中通过组合涵盖账户管理、资金结算、资金集中管理、内部存贷管理等各功能模块,对接外部全面预算管理系统,降低成本,增加成效。

第三,深入挖掘数据价值。数据在司库管理体系中发挥着巨大的作用,然而随着海量数据的冲击,数据质量成了令企业头疼的问题之一。实现高质量数据入池需要企业做到整合各业务数据、统一口径和标准等,从而达到数据的互联互通,基于统一的数据治理平台,与司库管理体系内其他模块相互协同,并借助数据可视化技术解决数据问题。通过有效的数据治理,确保数据流转实时准确,最终旨在实现司库管理体系资源、风险一体化管控，消除信息孤岛，挖掘数据价值。

第四，建立数智化资金管控平台。为了提高全面预算管理的前瞻性和实时性，建立数智化的司库管理体系势在必行。这需要企业以战略计划为目标，挖掘管理痛点，建立预测模型，以技术为基础进行资金计划的编制、汇总、审批和执行分析，自下而上实施。同时，需要企业从梳理数据源、规范数据载体出发，通过制定数据标准建立数据治理体系，释放数据价值，提升数据可用性。

## 任务 6.2　企业资金分析

资金是企业的血液，其能否正常循环流通，决定着企业的生存和发展。如果资金流量不足、流通不畅、资金断链，企业就会出现财务危机，正常的生产经营秩序就会被破坏，企业就会面临停产甚至倒闭清算的危险。一个企业没有利润可以存活，但是没有现金流寸步难行。由此可见，资金对于一个企业是多么重要。企业的经营活动反映在物流和资金流两方面。企业的物流或商流，实际上是现金流的一种变现形式。现金流是否畅通，关系着企业的运转是否正常。通过现金流，不仅可以了解企业获取现金的能力和偿债能力，并对企业经营收益的质量作出评价，还可以了解企业投资和筹资的情况。

企业对资金管理需要有一个明确的目标，明确其管理的侧重点。资金管理一般需要考虑三个方面：安全性、收益性和流动性。资金的安全性是指资金到期能够安全回收的可能性，资金的收益性是指使用后获得回报水平的高低，资金的流动性是指非现金资产在市场能够变现的能力。

站在企业经营者和管理者的角度，可以从三个方面对企业资金情况进行分析，即资金存量分析、资金来源分析及债务分析与预警。

### 任务 6.2.1　资金存量分析

资金存量是指企业持有的现金量，也就是资产负债表中的货币资金量。货币资金是指可以立即投入流通，用以购买商品或劳务，或用以偿还债务的交换媒介物。在流动资产中，货币资金的流动性最强，并且是唯一能够直接转化为其他任何资产形态的流动性资产，也是唯一能代表企业现实购买力水平的资产。为了确保生产经营活动的正常进行，企业必须拥有一定数量的货币资金，以便进行购买材料、缴纳税金、发放工资、支付利息及股利或进行投资等活动。企业所拥有的货币资金量是分析判断企业偿债能力与支付能力的重要指标。

#### 1. 资金的相关概念

（1）现金

现金是指在企业生产经营过程中暂时停留于货币形态的资金，通常包括库存现金、可以随时用于支付的银行存款及其他货币资金。现金在资产负债表中并入货币资金，列示为流动资产，但应注意，具有专门用途的现金只能作为投资项目等列示为非流动资产。

(2)货币资金

货币资金是指在企业生产经营过程中处于货币形态的资金,是资产负债表的一个流动资产项目,包括库存现金、银行存款和其他金融机构的活期存款,以及本票和汇票存款等可以立即支付使用的交换媒介物。但需要注意的是,凡不能立即支付使用的(如银行承兑汇票保证金、银行冻结存款等),均不能视为货币资金。为了总括反映企业货币资金的基本情况,资产负债表上一般只列示"货币资金"项目,不再按货币资金的各组成项目单独列示。

(3)现金等价物

现金等价物是指企业持有的期限短、流动性强、易于转换为已知金额现金、价值变动风险很小的投资(通常投资日起三个月到期国库券、商业本票、货币市场基金、可转让定期存单、商业本票及银行承兑汇票等皆可列为现金等价物)。现金等价物虽然不是现金,但其支付能力与现金差不多,即可视同现金,或称"准现金"。企业为了不使现金闲置,通常购买短期债券,在需要现金时,可以变现。在判断企业短期偿债能力时,也可使用现金及现金等价物余额与其短期债务进行比较。

(4)受限货币资金

受限货币资金主要是指保证金、不能随时用于支付的存款(如定期存款)、在法律上被质押或者以其他方式设置了担保权利的货币资金。受限货币资金的来源主要是各种保证金存款。在要求银行开具承兑汇票或其他票据时所支付的保证金,在票据到期之前仍然存于银行保证金账户,在银行保证金账户中可以查到,期末也要在报表中体现,只是使用受到限制,在开具的票据到期后自动用该部分保证金支付对价。受限资金不可随意使用,在分析资金存量时要重点关注。

### 2. 资金指标分析

资金是企业赖以生存和发展的基础,其运转不仅涉及企业生产经营活动的方方面面,还与企业的管理水平和经济效益密切相关。不同的财务指标反映了企业资金运营的好坏。资金分析的指标主要包括资金存量、资金使用效率及偿债能力三个方面。

(1)资金存量

资金存量分析是纵览全局首先要掌握的一个指标,反映了企业的直接支付能力。从财务管理的角度而言,货币资金过低,将影响企业的正常经营活动,制约企业的发展,进而影响企业的商业信誉;货币资金过高,则意味着企业正在丧失潜在的投资机会,也可能表明企业的管理人员生财无道。常用的资金存量分析指标及公式如表6-1所示。

表6-1 常用的资金存量分析指标及公式

| 指标 | 公式 |
| --- | --- |
| N1 | 库存现金+银行存款+其他货币资金 |
| N2 | N1+交易性金融资产+应收票据 |

（2）资金使用效率

资金使用效率是评价资金使用效果的一个参数，主要的两个指标是资产使用的有效性和充分性。常用的分析指标有货币资金占总资产的比重，一般来说，货币资金占总资产比重越高，说明本企业的资金储备率越高，经营风险越小，偿债能力也越强；货币资金占总资产比重越低，则说明企业的资金链有一定风险，且偿债能力也越弱。资金使用效率指标及公式如表6-2所示。

表6-2 资金使用效率指标及公式

| 指　标 | 公　式 | 指标较高 | 指标较低 |
|---|---|---|---|
| N1占总资产比重 | N1/总资产 | 可能说明资金使用效率低 | 可能导致支付风险 |
| N2占总资产比重 | N2/总资产 | 可能说明资金使用效率低 | 可能导致支付风险 |

（3）偿债能力

常用的反映企业偿债能力的指标是货币资金占流动负债的比重，这也是衡量企业短期偿债能力的重要指标之一。对于债权人而言，该比率越高越好。但对于经营者来说，该比率不宜过高，因为货币资金是企业资产中获利能力最差的，将资金过多地保留在货币资金上将使企业失去很多获利机会，从而降低企业的获利能力。偿债能力指标及公式如表6-3所示。

表6-3 偿债能力指标及公式

| 指　标 | 公　式 | 指标含义 | 指标较高 | 指标较低 |
|---|---|---|---|---|
| 货币资金与流动负债的比率 | N1/流动负债 | 反映现时直接偿债能力 | 偿债能力强 | 支付、偿债风险高 |
| 可用资金与流动负债的比率 | N2/流动负债 | 反映企业直接偿债能力，部分货币性资金可能需要一定时间转化才能使用 | 偿债能力强 | 支付、偿债风险高 |

### 3. 资金存量分析的意义

保持合理的货币资金水平是企业资金管理的重要内容。货币资金是变现能力最强的资产，代表着企业直接的支付能力和应变能力，可以用来满足生产经营开支的各种需要，也是还本付息和履行纳税义务的保证。拥有足够的资金对降低企业的风险、增强企业资产的流动性和债务的可清偿性有着重要的意义。但资金的收益性最弱，对其持有量不是越多越好。即使是银行存款，其利率也非常低。因此，资金存量过多，它所提供的流动性边际效益便会随之下降，从而使企业的收益水平下降。

除了应对日常的业务活动，企业还需要拥有足够的资金偿还贷款、把握商机，以及防止不时之需。企业必须建立一套管理资金的方法，持有合理的资金数额，使其在时间上继起，在空间上并存，在资金的流动性和收益性之间进行合理选择。企业必须编制资金预算，以衡量企业在某段时间内的现金流入量与流出量，以便在保证企业正常经营活动所需资金的同时，尽量减少企业的存量资金数量，从暂时闲置的资金中获得最大的收益，提高资金收益率。

**4. 最佳资金持有量**

（1）成本模型

成本模型强调持有资金会产生成本。最优的资金持有量是使得资金持有成本最小化的持有量。成本模型需要考虑的资金持有成本包括机会成本、管理成本和短缺成本。

① 机会成本。机会成本是指企业因持有一定资金余额丧失的再投资收益。再投资收益是企业不能同时用该资金进行有价证券投资所产生的机会成本，这种成本在数额上等于资金成本。

② 管理成本。管理成本是指企业因持有一定数量的资金而发生的管理费用，如管理人员工资、安全措施费用等。一般认为这是一种固定成本，这种固定成本在一定范围内和资金持有量之间没有明显的比例关系。

③ 短缺成本。短缺成本是指在资金持有量不足，又无法及时通过有价证券变现加以补充而给企业造成的损失，包括直接损失和间接损失。资金的短缺成本随着资金持有量的增加而下降，随着资金持有量的减少而上升，即与资金持有量呈负相关。

成本分析模式是根据资金相关成本，分析预测其总成本最低时资金持有量的一种方法，其计算公式如下。

最佳资金持有量下的资金相关成本 =min（管理成本 + 机会总本 + 短缺成本）

式中，管理成本属于固定成本；机会成本是正相关成本；短缺成本是负相关成本。因此，成本分析模式是找到由三个成本所组成的总成本曲线中最低点所对应的资金持有量，把它作为最佳资金持有量。成本模型下最佳资金持有量如图 6-1 所示。

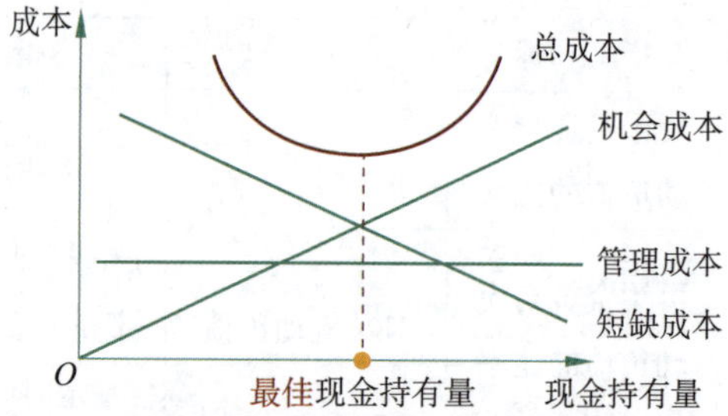

图 6-1　成本模型下最佳资金持有量

（2）存货模型

企业平时持有较多的资金，会降低资金的短缺成本，但也会增加资金占用的机会成本。平时持有较少的资金，则会增加资金的短缺成本，却能减少资金占用的机会成本。如果企业平时只持有较少的资金，在有资金需求时，通过出售有价证券换回资金或从银行借入资金，既能满足资金的需求，避免短缺成本，又能减少机会成本。因此，适当的资金与有价证券之间的转换，是企业提高资金使用效率的有效途径。

有价证券转换回资金所付出的代价（如支付手续费等），被称为资金的交易成本。交易成本与资金转换次数、每次的转换量有关。资金的转换成本与持有量成反比。

资金的机会成本和交易成本是两条随着资金持有量呈不同方向发展的曲线。两条曲线交叉点相对应的资金持有量，即相关总成本最低的资金持有量。具体计算公式为

$$最佳资金持有量 = \sqrt{\frac{2 \times T \times F}{K}}$$

式中，$T$ 表示一定期间的资金需求量；$F$ 表示每次出售有价证券以补充资金所需的交易成本；$K$ 表示持有资金的机会成本率。

### 任务 6.2.2　资金来源分析

企业的资金来源由经营活动产生的现金流量、投资活动产生的现金流量和筹资活动产生的现金流量三部分构成。分析现金流量及其结构，可以了解企业现金的来龙去脉和现金收支构成，评价企业经营状况、创现能力、筹资能力和资金实力等。

#### 1. 资金的来源

从现金流量表来看，资金来源主要有三部分，一是经营活动产生的现金流，它是企业现金的主要来源；二是投资活动产生的现金流，它是企业长期资产（通常是指一年以上）的购建及其处置产生的现金流量；三是筹资活动产生的现金流，它是企业资本及债务的规模和构成发生变化的活动所产生的现金流量。

#### 2. 资金的来源结构

资金的三个来源处于不同的状态，代表企业的不同经营情况。以经营现金流为主，看投资和筹资现金流的情况，对企业的经营状况进行分析，可以分为以下几种情况，如表 6-4 所示。

微课：资金来源分析

表 6-4　企业经营状况分析

| 经营活动产生的现金流量 | 投资活动产生的现金流量 | 筹资活动产生的现金流量 | 企业自画像类型 | 企业经营状况分析 |
| --- | --- | --- | --- | --- |
| + | + | + | 妖精型 | 经营和投资收益状况较好，这时仍可以进行融资，通过找寻新的投资机会，避免资金的闲置性浪费 |
| + | + | − | 老母鸡型 | 经营和投资活动良性循环，筹资活动虽然进入偿还期，但财务状况仍比较安全 |
| + | − | + | 蛮牛型 | 经营状况良好，在内部经营稳定进行的前提下，通过筹集资金进行投资，往往是处于扩张时期，应着重分析投资项目的盈利能力 |
| + | − | − | 奶牛型 | 经营状况良好，一方面在偿还之前债务，另一方面又要继续投资，这时应关注经营状况的变化，防止经营状况恶化导致整个财务状况恶化 |
| − | + | + | 骗吃骗喝型 | 靠借债维持生产经营的需要，状况可能恶化，应着重分析投资活动现金流是来自投资收益还是收回投资；如果是后者，则形势严峻 |

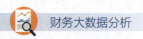

续表

| 经营活动产生的现金流量 | 投资活动产生的现金流量 | 筹资活动产生的现金流量 | 企业自画像类型 | 企业经营状况分析 |
|---|---|---|---|---|
| - | + | - | 坐吃山空型 | 经营活动已经发出危险信号，如果投资活动现金收入主要来自收回投资，则企业已经处于破产边缘，应高度警惕 |
| - | - | + | 赌徒型 | 靠借债维持日常经营和生产规模的扩大，财务状况很不稳定。如果是处于初创期的企业，一旦渡过难关，还可能有发展；如果是发展期或成熟期的企业，则非常危险 |
| - | - | - | 大出血型 | 财务状况非常危险，这种情况往往发生在企业高速扩张时期，由于市场变化导致经营状况恶化，加上扩张时投入了大量资金，企业易陷入困境 |

注："+"表示对应现金流量为正数；"-"表示对应现金流量为负数。

当然，考虑一家企业的经营情况，还需要考虑该企业处于什么发展阶段，不同发展阶段对资金的需求也是不同的，具体情况如表 6-5 所示。

表 6-5 企业不同发展阶段对资金的需求情况分析

| 企业发展阶段 | 资金来源结构 | 企业经营状况分析 |
|---|---|---|
| 初创期 | 经营活动产生的现金净流量为负数<br>投资活动产生的现金净流量为负数<br>筹资活动产生的现金净流量为正数 | 借款人需要投入大量资金来形成生产能力、开拓市场等，其资金来源只有举债、融资等筹资活动 |
| 发展期 | 经营活动产生的现金净流量为正数<br>投资活动产生的现金净流量为负数<br>筹资活动产生的现金净流量为正数 | 经营活动中产生大量现金回笼，为扩大市场份额，借款人仍需追加投资，仅靠经营活动产生的现金流量净额可能无法满足投资，须筹集必要的外部资金作为补充 |
| 成熟期 | 经营活动产生的现金净流量为正数<br>投资活动产生的现金净流量为正数<br>筹资活动产生的现金净流量为负数 | 销售市场稳定，已进入投资回收期，但很多外部资金需要偿还 |
| 衰退期 | 经营活动产生的现金净流量为负数<br>投资活动产生的现金净流量为正数<br>筹资活动产生的现金净流量为负数 | 市场萎缩、占有率下降，经营活动产生的现金流入小于流出，同时借款人为了应付债务不得不大规模收回投资以弥补现金的不足 |

**3. 资金管理及健康性评测**

资金管理作为企业核心财务管理职能，具有非常重要的作用，并与其他职能进行密切的沟通与互动，形成互相影响、不可分割的财务管理整体。例如，资金管理依赖财务人员提供的现金流动数据与报告；有融资规划的企业，需要从预算部门了解本企业销售业务预算情况等，以便计算资金缺口。

随着时代的发展，资金管理已经从过去的"管钱"变成现在的"风险管理"。资金管理需要考虑的三个目标是资金安全性、资金收益性和资金流动性。企业在进行资金管理时要有侧重。不同行业、不同管理风格，其侧重点是不一样的，但重心一定是落在三者之间的三角形区域内，形成三者之间的平衡。

【讨论】企业在对资金进行管理过程中，如果出现了资金管理不严、投资决策失误、筹资决策不当等情况，会导致什么样的后果呢？

## 任务 6.2.3 债务分析与预警

分析企业的贷款与欠款情况，对大额贷款做出预警，同时分析大额资金的使用效益、比较融资成本，为经营者做出合理的资金计划提供数据支持。

### 1. 企业债务的构成

企业债务一般来自三个方面：因短期资金不足而借入的短期借款，因战略性发展需要而筹措的长期借款，以及因日常经营活动产生的应付项目。

（1）短期借款

短期借款是指企业根据生产经营的需要，从银行或其他金融机构借入的偿还期在一年以内的各种借款，包括生产周转借款、临时借款等。

短期借款的优点是，可以自由控制余额，在规定时间内可以根据自己的资金使用需求进行期限和额度的自由搭配，还款压力小，贷款归还后还可以继续循环使用；可借款额度高，用款方式灵活，可以解决短期内急需资金周转的需要；借款周期短，可以节约利息和成本。

短期借款的缺点是，如果贷款的资金需要长期满足周转，短期贷款明显就不适合，因为它需要在短期内进行归还，如果未能按期偿还，会按罚息计算复利；当出现短期无法偿还时，则会发生债务日益恶化的局面。

（2）长期借款

长期借款是指企业因战略性发展需要而对外筹措的借款，例如从银行或其他金融机构借入的一年以上（不含一年）的借款。长期借款是项目投资中的主要资金来源之一。一个投资项目需要大量的资金，仅靠自有资金往往是不够的。从投资人角度来看，举借长期借款往往比吸引投资更为有利。一方面有利于投资人保持原有控制企业的权力，不会因为企业筹集长期资金而影响投资者本身的利益；另一方面还可以为投资人带来获利的机会。因为长期借款利息，可以计入财务费用，在税前利润列支，在企业盈利的情况下，就可少交一部分所得税，为投资人增加利润。

长期借款的优点是筹资速度快，资金成本较低，弹性较大，具有财务杠杆作用。但长期借款的缺点是财务风险较大，限制条款较多，筹资数量有限。

（3）经营性应付项目

经营性应付项目包括应付账款、应付票据、其他应付款、预收账款、应付职工薪酬和应交税费等项目，在计算时要扣除非经营活动的影响。

**2. 债务预警**

企业在运营时要了解本企业的债务情况，并对企业债务做监控及预警。在大数据技术下，由于数据时效性强，数据可视化被广泛应用，人们可以一目了然地看到企业短期借款、长期借款的组成及未偿还本金是多少，预警机制也逐渐被有效地设置。除了短期及长期借款，还需要监控大额贷款的使用情况，形成监控机制。根据企业的规模，设置对应的监控数据指标，并对资金使用有效性进行分析。当企业需要筹资时，筹资方案不同，涉及的成本费用及筹资款也会不同，这就需要查询当年贷款利率，并计算当期的净资产收益率及贷款的资金成本，最后做出融资方案建议，供管理层选择。

## 任务 6.3　实战演练——资金状况分析

### 任务 6.3.1　资金存量分析

【**案例背景**】2019 年 10 月 8 日，AJHXJL 公司的业务经营分析会，要求财务总监对公司的资金状况进行专项分析，从而全面深入地了解公司的资金状况，为经营决策提供数据支撑。

【**任务目标**】财务分析师从资金存量对企业资金进行数据分析，洞察数据背后的含义，溯源分析指标增减比率的合理性与异常项，为管理层提供决策支持和重要事项预警提示。

【**任务实现**】完成以上任务，需要以下几个步骤。

（1）确定资金分析的目标。
（2）根据分析目标确定相关指标。
（3）根据指标收集相关数据（实战演练所需数据源如图 6-2 所示）。
（4）在分析云中进行指标计算。
（5）指标解读。

根据任务目标，财务分析师在 2019 年 10 月 8 日对 AJHXJL 公司做资金存量分析。

**1. 确定分析目标**

首先要了解该公司目前的资金状况，选取的指标分析围绕着货币资金进行，分析师认为公司货币资金的储备最能反映公司直接支付的能力。同时，分析师也将 AJ 集团的资金使用效率情况进行了解，从而判断是否会有支付风险的发生。每月资金的流入与流出也是分析师分

图 6-2　资金分析实战演练数据源

析的重点。资金的流入与流出是否存在时间差，有没有形成资金沉淀，资金沉淀是否及时购买银行理财产品，使用资金去创造效益等问题，都是分析师所关心的内容。

#### 2. 确定分析指标

根据分析目标，选择分析的指标分别是集团资金存量 N1、集团资金存量 N2、各机构资金存量、其他货币资金明细构成、保证金占用分析、保证金与应付票据的比率分析、银行存款流入流出对比等。这些指标的计算能够准确地反映想要了解的信息。

#### 3. 收集相关数据

确定指标之后，根据分析指标去收集相关数据，有些数据在财务报表中，如现金流量表；有些数据在业务系统中，如分析其他货币资金明细构成，需要查询其他货币资金的明细账，而银行存款的流入流出分析则需要进入资金管理模块查看银行存款的每日明细。这些数据资料大部分是在企业的 ERP 系统中，现已将这些数据从 ERP 系统中导出，上传至分析云，在分析指标时直接选择相应的数据表即可。在实际业务中，这项收集数据表的工作是财务分析师在进行数据分析前必须做的关键工作。

#### 4. 指标计算

（1）集团资金存量 N1

操作步骤如下。

**步骤一**：新建故事板。进入分析云，单击【分析设计】→【新建】按钮，选择【新建故事板】选项，将其命名为"资金存量分析"，选择存放目录，存放在"我的故事板"下，故事板类型选择"普通故事板"，单击【确认】按钮，如图 6-3 所示。

图 6-3 新建故事板

**步骤二**：新建可视化。单击【可视化】→【新建】按钮，在"选择数据集"界面单击【数据集】按钮，在"财务大数据－资金分析"文件夹中选择需要用的数据表"资金分析

N1-各机构（2019年9月）"，单击【确定】按钮，如图6-4所示。将可视化命名为"集团资金存量N1"，如图6-5所示。

图6-4　新建可视化

图6-5　可视化重命名

**步骤三**：设置维度与指标。维度与指标设置如图6-6所示。

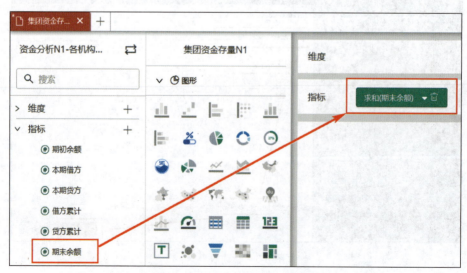

图6-6　设置"集团资金存量N1"维度与指标

**步骤四**：设置图形。选择显示图形→指标卡，集团资金存量N1可视化操作完成，单击【保存】按钮，如图 6-7 所示。

图 6-7　设置"N1 期末余额"图形

**步骤五**：了解 N1 指标的构成。单击可视化页签【+】按钮，新建"集团资金存量 N1- 明细"可视化图，设置维度为"科目名称"，指标为"期末余额"，图形可选择饼图或条形图，如图 6-8 所示。

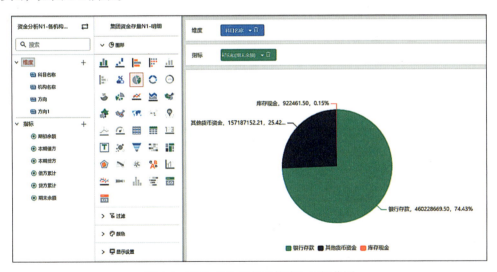

图 6-8　设置"N1 指标的构成"可视化图

**步骤六**：单击【全部保存】→【退出】按钮，集团资金存量 N1 指标及构成计算完毕并保存。

（2）集团资金存量 N2

操作步骤同集团资金存量 N1，可使用不同图形，计算出集团资金存量 N2 及构成。

（3）各机构资金存量

了解 AJ 集团内部各机构资金存量情况，操作步骤基本与 N1 的操作步骤相同，但这里需要在维度里添加一个层级，可以直接从 AJ 集团的数据中穿透到各机构的资金存量。

（4）各机构资金存量分析可视化操作步骤

**步骤一**：选择数据表为"资金分析N2-各机构（2019年9月）"。
**步骤二**：将可视化命名为"各机构资金存量"。
**步骤三**：添加钻取层级。

当需要添加新的维度层级时，单击"维度"右侧的＋→【层级】按钮，进行钻取层级设置，如图6-9所示。层级名称设置为"各机构资金期末余额"，钻取路径选择"科目名称""机构名称"，单击向右箭头→【确定】按钮，要注意钻取层级路径的顺序，如图6-10所示。

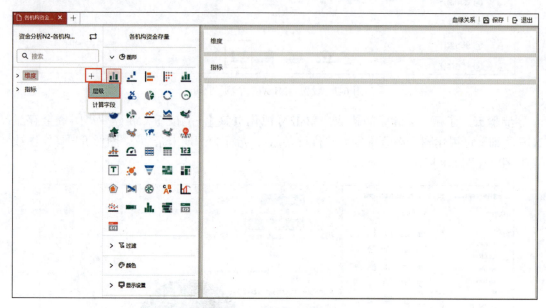

图6-9　添加维度钻取层级

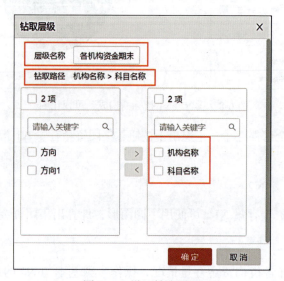

图6-10　设置钻取层级

**步骤四**：选择维度、指标和显示图形。维度选择层级"各机构期末余额"，指标选择"期末余额"，如图 6-11 所示。

图 6-11　各机构资金存量维度指标设置

**步骤五**：选择穿透的资金结构的显示图形。

单击图形的柱状条，进入钻取层级，选择图形样式，如图 6-12 所示。

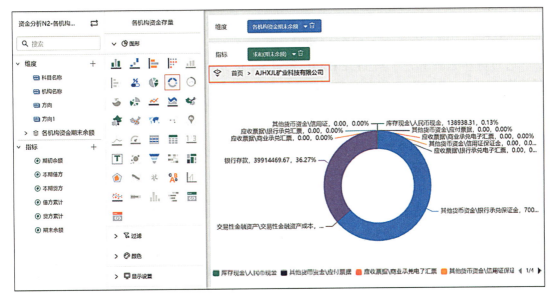

图 6-12　穿透的资金结构的显示图形

**步骤六**：单击【保存】→【退出】按钮，在分析云可视化看板上查看各指标可视化图形，如图 6-13 所示。

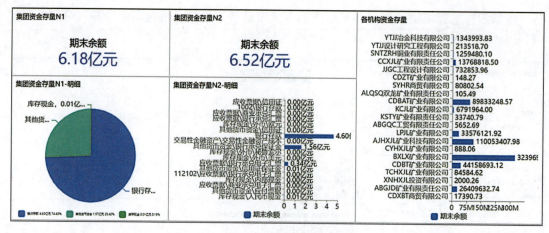

图 6-13 AJ 集团资金存量指标

### 5. 指标解读

从分析中可看出，AJ 集团的资金存量 N1（银行存款＋其他货币资金＋库存现金）为 6.18 亿元，其中，银行存款 4.6 亿元占 N1 比重的 74.43%；而资金存量 N2（N1＋交易性金融资产＋应收票据）的分析中可以看出，应收票据为 0.34 亿元，占 5.21%。从指标数据来看，该集团的资金存量充足。AJHXJL 公司的资金存量为 1.1 亿元，占 AJ 集团的 16.87%。AJHXJL 公司的资金存量是由哪些科目构成呢？通过钻取层级，可以清楚地看到 AJHXJL 公司的资金由其他货币资金（63.63%）、银行存款（36.27%）及库存现金（0.13%）构成。这里就要打个问号，为什么其他货币资金占比较大？其他货币资金是由哪些科目构成的？接下来要进一步详细分析。

通过分析云计算，了解到 AJHXJL 公司 1.1 亿元的资金存量中有 0.7 亿元是其他货币资金，占 AJHXJL 公司资金存量的 63.61%。其他货币资金全部来自银行承兑保证金，该资金属于受限资金，流动性差，无法支持 AJHXJL 公司日常运营所需，如图 6-14 所示。

那么，大额的银行承兑保证金占比是否合理？ AJHXJL 公司对资金效率的管理是否有改善？这还须进一步对 AJHXJL 公司历年的银行承兑汇票保证金情况进行分析。

（1）其他货币资金构成情况分析

操作步骤如下。

**步骤一：** 新建其他货币资金构成可视化。

单击【可视化】→【新建】按钮，选择数据集"财务大数据-资金分析-资金分析-AJHXJL 其他货币资金构成（2019 年 9 月）"，单击【确定】按钮，将可视化命名为"其他货币资金明细构成"。

**步骤二：** 设置维度与指标，选择显示图形。

拖动"科目名称"到维度，"期末余额"到指标，选择显示图形。

**步骤三：** 单击【保存】→【退出】按钮，其他货币资金明细可视化操作完成，如图 6-15 所示。

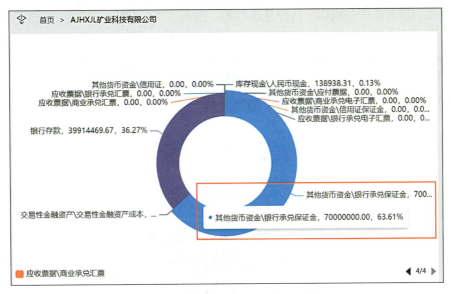

图 6-14 AJHXJL 公司资金存量明细

图 6-15 其他货币资金明细可视化

由图 6-15 可知,该公司其他货币资金全部由银行承兑保证金构成,这就需要进一步对保证金历史占比情况进行分析。

(2)保证金占比分析

收集 AJHXJL 公司五年银行承兑汇票保证金历史趋势数据,通过分析云,分析 2015—2019 年历年的保证金占比情况。

操作步骤如下。

**步骤一**:新建保证金占用分析可视化。单击【可视化】→【新建】按钮,选择数据集 "财务大数据-资金分析-资金分析银行承兑汇票保证金历史趋势(5 年)",单击【确定】按钮,将可视化命名为"保证金占用分析"。

**步骤二**：设置维度与指标，选择显示图形。拖动"年""月"到维度，"余额"到指标，选择折线图或柱状图，如图 6-16 所示。

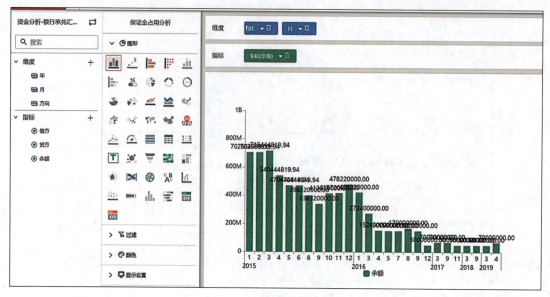

图 6-16 保证金占用分析可视化

**步骤三**：对维度"年""月"进行排序，如图 6-17 所示。

**步骤四**：单击【保存】→【退出】按钮，AJHXJL 公司五年银行承兑汇票保证金历史占比趋势可视化操作完成，如图 6-18 所示。

由图 6-18 可知，AJHXJL 公司五年内的银行承兑保证金占比呈下降趋势，由 2015 年 7.03 亿元下降至 2019 年 0.7 亿元，其中，从 2016 年 12 月开始，下降至亿元以下，并在此后一直在 0.5 亿～ 0.7 亿元浮动。

图 6-17 对维度进行排序

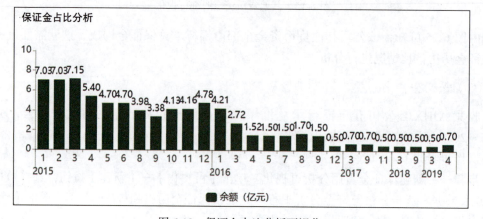

图 6-18 保证金占比分析可视化

（3）保证金与应付票据的比率分析

操作步骤如下。

**步骤一**：新建关联数据集。

单击【数据准备】→【新建】按钮，选择数据集类型为"关联数据集"，保存在文件夹"我的数据"中，单击【确定】按钮，如图6-19所示。

图6-19　关联数据集

**步骤二**：选择关联表，建立连接。在数据集中选择需要进行数据关联的数据表："资产负债表""现金及现金等价物"，将其拖动到编辑区，单击两表，建立内连接，单击【确定】按钮，如图6-20所示。

图6-20　数据关联建立内连接

**步骤三**：单击【执行】→【保存】按钮，"资产负债表"和"现金及现金等价物"表关联数据表建立完成。

（4）新建保证金与应付票据的比率分析可视化

**步骤一**：单击【分析设计】→【我的故事板】→【资金存量分析】→【可视化】→【新建】按钮，选择"我的数据"中新建的关联数据，单击【确定】按钮，如图6-21所示。

图 6-21 新建可视化

**步骤二**：将可视化命名为"保证金与应付票据的比率分析"。

**步骤三**：添加计算字段。单击"指标"右侧的＋按钮，添加字段名称为"保证金占比"，字段类型为"数字"，利用函数和字段选择，输入表达式，单击【确定】按钮，如图6-22所示。

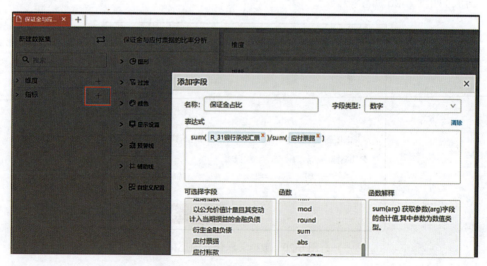

图 6-22 添加保证金占比计算字段

**步骤四**：设置维度和指标。维度选择"年"，指标选择"保证金占比"。将时间升序进行排序，可视化操作完成，如图6-23所示。

图 6-23　保证金占比分析

由图 6-23 可知，银行承兑保证金与应付票据占比都较低，占比最高的年份为 2018 年，占比 0.02，其余每年都保持在 0.01 及以下，2015 年为 0。

（5）银行存款流入流出对比

操作步骤如下。

**步骤一**：新建 5 年的银行存款流入流出分析可视化。

单击【可视化】→【新建】按钮，在数据集中选择"银行存款时间序列表 2015—2019"，单击【确定】按钮，将可视化命名为"5 年的银行存款流入与流出分析"。

**步骤二**：设置维度与指标。

拖动"年""月"到维度中，拖动"收入""支出"到指标中，选择显示图形为折线图，将维度进行升序排序。

2015—2019 年银行存款流入流出分析可视化操作完成，如图 6-24 所示。

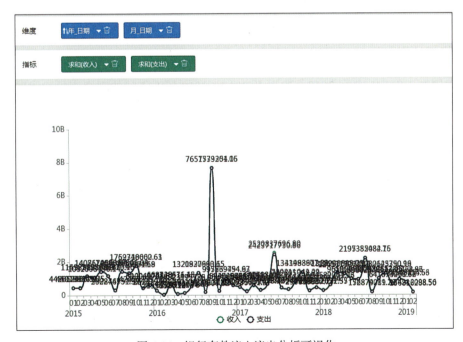

图 6-24　银行存款流入流出分析可视化

由图 6-24 可知，AJHXJL 公司 2015—2019 年，保证金占比与银行存款流入与流出对比基本吻合。综上所述，可以看出 AJHXJL 公司资金管理的能力较好。

## 任务 6.3.2 资金来源分析

【任务目标】财务分析师从资金来源角度对企业资金进行数据分析，洞察数据背后的含义，溯源分析指标增减比率的合理性与异常项，为管理层提供决策支持和重要事项预警提示。

【任务实现】根据任务目标，分析师在 2019 年 10 月 8 日对 AJHXJL 公司做资金来源分析。

### 1. 确定分析目标

企业的资金一般来源于三大活动。①了解 AJHXJL 公司的资金结构，以及贡献度最大的资金来源。②通过对资金流入流出的分析，判断资金流入与流出的主要原因。③预测企业未来的还款压力，判断企业的信用政策与收款力度的有效性，以及资金发展的健康性。需要用到的数据表为现金流量表。

### 2. 确定分析指标

由于分析师在 2019 年 10 月 8 日对 AJHXJL 公司的资金来源进行分析，所以选择最近的分析数据为 2019 年 9 月的数据，了解本月资金贡献度最大的资金来源；取 2015—2019 年的数据，了解五年间资金贡献度最大的资金来源。在了解完资金构成之后，还需要分析资金收入与支出的合理性。因此，还需要分析公司资金的流入与流出原因。对于企业未来还款压力，需要分析筹资结构中长期贷款、短期贷款和机构间资金往来的比例。企业资金管理的健康性，可通过分析"销售获现比""盈利现金比率"等指标进行评价。

### 3. 指标计算

本案例对 AJHXJL 公司 2019 年 9 月及 2015—2019 年五年间的现金流量构成进行分析、演示，操作步骤如下。

（1）新建故事板

在分析云中单击【分析设计】→【新建】→【新建故事板】按钮，故事板名称为"资金来源分析"，建在"我的故事板"目录下，单击【确认】按钮，如图 6-25 所示。

（2）新建 5 年现金流量构成分析可视化

单击【可视化】→【新建】按钮，选择数据集"财务大数据"→"资金分析"文件夹下的"现金流量表-AJHXJL"，单击【确定】按钮，将可视化命名为"现金流量构成分析"。

（3）设置维度与指标

维度选择"年"，指标选择"经营活动产生的现金流量净额""投资活动产生的现金流量净额""筹资活动产生的现金流量净额"。

（4）选择显示图形

选择适合本指标的图形，可以选择表格、折线图等，将维度按年进行升序排列，2015—2019 年五年间的现金流量构成分析可视化完成，如图 6-26 所示。

图 6-25　新建资金来源分析故事板

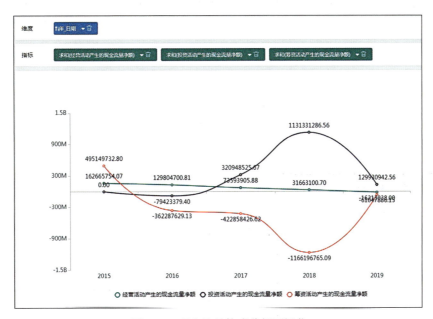

图 6-26　现金流量构成分析可视化

（5）新建 2019 年 9 月现金流量分析可视化

根据任务目标，要分析 2019 年 9 月现金流量构成，新建可视化方法同上，维度选择"年""月"，指标选择"经营活动产生的现金流量净额""投资活动产生的现金流量净额""筹资活动产生的现金流量净额"。

设置过滤条件为 2019 年 9 月，单击维度中"年"右侧的下拉框，单击【创建过滤】按钮，添加过滤条件，如图 6-27 所示。

图 6-27　添加过滤条件

单击【确定】按钮，可选择表格样式进行数据呈现，2019 年 9 月现金流量构成分析可视化完成，如图 6-28 所示。

图 6-28　2019 年 9 月现金流量构成可视化（1）

可将数据单位变换为亿元，操作如下。

单击各指标，在弹出的下拉框中选择"设置显示名"，如图 6-29 所示。将各指标名称后加上"（亿元）"；选择"数据格式"，将缩放率设置成"100 000 000"，如图 6-30 所示。

图 6-29　设置指标参数

图 6-30　数据格式设置

2019 年 9 月现金流量构成可视化如图 6-31 所示。

| 年_日期 | 月_日期 | 经营活动产生的现金流量净额（亿元） | 投资活动产生的现金流量净额（亿元） | 筹资活动产生的现金流量净额（亿元） |
|---|---|---|---|---|
| 2019 | 09 | -0.40 | 0.15 | 0.31 |
| 合计 |  | -0.40 | 0.15 | 0.31 |

图 6-31　2019 年 9 月现金流量构成可视化（2）

#### 4. 指标解读

由图 6-26、图 6-28 可知，2019 年 9 月 AJHXJL 公司的经营活动产生的现金流净额为负数，投资活动与筹资活动产生的现金流净额为正数。如果企业经营活动所产生的现金流净额为负数，筹资活动产生的现金流净额为正数，表明该企业可能处于产品初创期。在这个阶段企业需要投入大量资金，形成生产能力，开拓市场，其资金来源只有举债、融资等筹资活动。但 AJHXJL 公司并非初创公司，说明 AJHXJL 公司目前有可能是靠借债维持生产经营的需要，财务状况可能恶化。应着重分析投资活动现金流是来自投资收益还是收回投资，如果是后者，则形势严峻。但不能仅依靠单月的指标解读一家公司的经营状况，还需要进一步对 AJHXJL 公司五年现金构成趋势指标进行分析解读。

从 2015—2019 年五年期间的现金构成趋势可以看出，经营活动产生的现金流净额持续下滑；投资活动产生的现金流净额波动较大，2015 年为零，2016 年为 -0.79 亿元，但从 2017 年开始逐渐上升，最高值是 2018 年 11.31 亿元，但 2019 年大幅下滑，跌至 1.30 亿元。可见，投资活动的现金流来源并不稳定；筹资活动所产生的现金流净额从 2016 年开始为负值，说明公司连续数年偿还了大量债务，或进行了利润分配。综合来看，2019 年开始，AJHXJL 公司的经营活动所产生的现金流净额已经变为 -0.16 亿元，投资活动产生的现金流净额下滑至 1.3 亿元，筹资活动产生的现金流净额为 -0.61 亿元，经营活动已经发出危险信号。当经营活动现金净流量为负数，投资活动现金净流量为正数，筹资活动现金净流量为负数时，可以认为企业处于衰退期。这个时期的特征是市场萎缩，产品销售的市场占有率下降，经营活动现金流入小于流出，同时企业为了应付债务不得不大规模收回投资以弥补现金的不足。

为了进一步证明上述结论，需要再对该公司其他资金指标进行分析。

（1）2019 年现金流入与流出的占比情况

操作步骤如下。

**步骤一**：新建可视化。单击【可视化】→【新建】按钮，选择数据集中的"现金流量表 -AJHXJL"，单击【确定】按钮，将可视化重命名为"2019 年现金流入项目分析"。

**步骤二**：设置指标。指标选择"经营活动现金流入小计""投资活动现金流入小计""筹资活动现金流入小计"，维度为空。

步骤三：设置过滤条件。单击【过滤】→【设置】按钮，添加过滤条件为"年等于2019"。

步骤四：选择显示图形。2019年现金流入项目分析可视化完成。

单击【+】按钮，以相同方法完成2019年现金流入项目分析、2019年现金流出项目分析、2019年9月现金流入项目分析、2019年9月现金流出项目分析可视化的新建。全部保存并退出，可视化如图6-32所示。

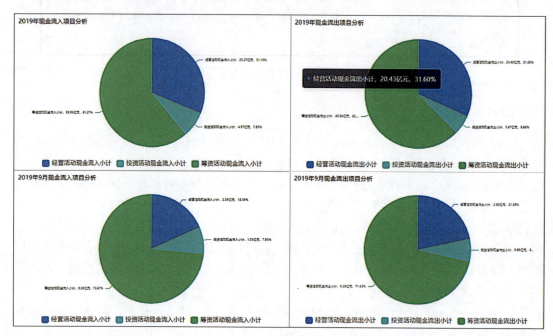

图6-32 现金流入流出项目分析可视化

由图6-32可知，2019年及2019年9月，AJHXJL公司经营活动现金流入小于现金流出，筹资活动所带来的现金流入占最大比重。

（2）现金流入项目深入洞察分析

操作步骤如下。

步骤一：新建可视化。单击【可视化】→【新建】按钮，选择需要用的数据表"筹资结构分析（2019年9月）"，将可视化命名为"现金流入项目深入洞察"。

步骤二：选择维度与指标。维度选择"现金流量项目名称"，指标选择"借方"。

步骤三：选择显示图形。现金流入各项目占比可视化完成，如图6-33所示。

（3）销售获现比和盈利现金比

分析该公司销售获现比和盈利现金比，需要用到现金流量表与利润表的关联数据。

操作步骤如下。

步骤一：关联数据集。单击【数据准备】→【新建】→【关联数据集】→【确定】按钮，选择数据集中的"现金流量表-AJHXJL"和"利润表-AJHXJL"，建立内连接，单击【确定】→【执行】→【保存】按钮。

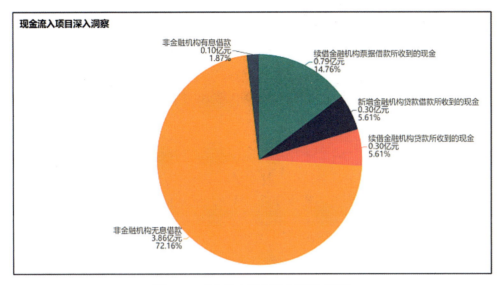

图 6-33 现金流入项目深入洞察可视化

**步骤二**：新建可视化。进入"资金来源分析"故事板，单击【可视化】→【新建】按钮，选择刚才关联的数据集，将可视化命名为"销售获现比"。

**步骤三**：新建计算字段。在指标中添加计算字段：

销售获现比 = 销售商品提供劳务收到的现金 / 主营业务收入

**步骤四**：设置维度与指标。维度选择"年"，指标选择"销售获现比"，按年进行升序排序。销售获现比可视化操作完成。

以相同方法进行盈利现金比率可视化操作，销售获现比和盈利现金比如图 6-34 所示。

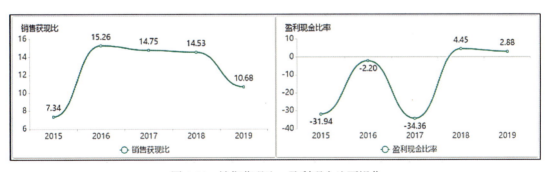

图 6-34 销售获现比、盈利现金比可视化

从可视化结果可以看出，从 2016 年开始，AJHXJL 公司的销售获现比呈下降趋势，尤其是 2019 年，从 14.53 下降至 10.68，说明企业通过销售获取现金的能力逐步下降。再看盈利现金比，2015—2017 年均为负数，说明企业本期净利润中尚存在没有实现的现金收入，在这种情况下，即使企业盈利，也可能发生现金短缺的情况。在 2018 年和 2019 年，盈利现金比率大于 1，说明企业盈利质量缓慢改善。

微课：资金来源分析

### 任务 6.3.3　债务分析与预警

【任务目标】财务分析师从债务角度对企业资金进行数据分析，洞察数据背后的含义，溯源分析指标增减比率的合理性与异常项，为管理层提供决策支持和重要事项预警提示。

【任务实现】根据任务目标，分析师在 2019 年 10 月 8 日对 AJHXJL 公司的债务情况进行分析。

#### 1. 确定分析指标

想要分析 AJHXJL 公司的债务情况，就需要从该企业的短期借款、长期借款、未还本金情况等对企业的债务进行全面了解和分析。另外，还须了解各银行借款的还款期限，对于大额未还款项进行预警。例如，为大于 100 万元的未还款设置预警提示，以便企业预留出充足的资金进行债务还款。

#### 2. 指标计算

（1）短期借款金额

操作步骤如下。

**步骤一**：新建故事板。故事板名称为"债务分析与预警"。

**步骤二**：新建可视化。新建可视化，将其命名为"短期借款金额"，数据表使用"资产负债表_AJHXJL"。

**步骤三**：设置维度与指标。维度为空值，指标选择短期借款。

**步骤四**：设置显示图形。可以选择指标卡。

**步骤五**：设置过滤条件。根据任务目标，设置过滤条件为"年等于2019""月等于9"单击【保存】按钮并退出，短期借款可视化分析完成。

（2）长期借款金额

长期借款操作步骤同短期借款。

（3）未还本金

新建未还本金可视化，所需数据表为"银行贷款明细表"，指标选择"未还本金"。上述各项指标的可视化结果如图 6-35 所示。

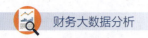

图 6-35　短期借款、长期借款、未还本金可视化

（4）未还款情况分析

从借款计算中可以看出，AJHXJL 公司全部为短期借款，暂无长期借款，未还本金 8.14 亿元，占短期借款金额的 93%。以下须对未还款的详细情况，通过钻取层级进行

分析。

操作步骤如下。

图 6-36 钻取层级设置

**步骤一**：新建可视化。单击【可视化】→【新建】按钮，选择数据表为"银行贷款明细表"，将可视化命名为"未还款情况分析"。

**步骤二**：设置层级。单击"维度"右侧的＋按钮，输入层级名称为"贷款单位"，选择钻取路径："贷款单位""结束日期"，单击向右箭头→【确定】按钮，如图 6-36 所示。

**步骤三**：设置维度与指标。维度为刚设置的层级"贷款单位"，指标选择"未还本金"。

**步骤四**：设置显示图形。图形可使用条形图。因为设置了层级，所以可以单击其中任一银行，进入穿透图形，查看具体未还本金情况。如果想返回上一层级，单击【首页】按钮即可返回，如图 6-37 所示。

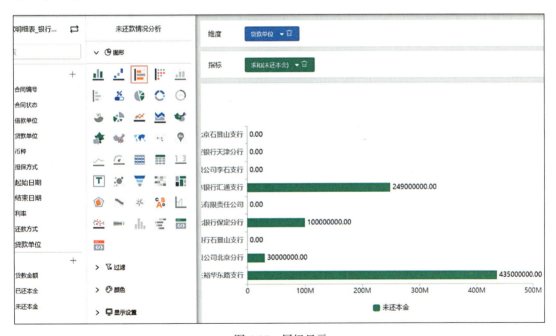

图 6-37 层级显示

**步骤五**：未还本金详情预警设置。在查看未还款情况之后，需要对大于 100 万元未还款项进行预警设置，添加预警线。将指标中的未还本金拖动至预警线设置框内，如图 6-38 所示。

图 6-38　选择指标进行预警线设置

在弹出的【设置指标预警】对话框中，单击【添加条件格式】按钮，设置未还本金大于或等于 1 亿元；单击【下一步】按钮，选择预警人员；单击【下一步】按钮，设置预警级别及预警线颜色；单击【确认】按钮，预警线设置完成，如图 6-39 所示。

图 6-39　指标预警设置

【注意】在钻取层级中需要分别设置预警线。

将指标进行升序排序，未还款情况分析可视化操作完成，如图 6-40 所示。

### 3. 指标解读

从分析云计算结果可以看出，AJHXJL 公司目前涉及四笔贷款，其中有三笔贷款大于或等于 1 亿元，约 7.84 亿元，占未还款金额的 96%，且该企业全部为短期借款，可见 AJHXJL 公司未来一年内还款压力非常大。

另外，还可以通过可视化分析对大额贷款的去向及还款金额时间分布进行追踪和债务

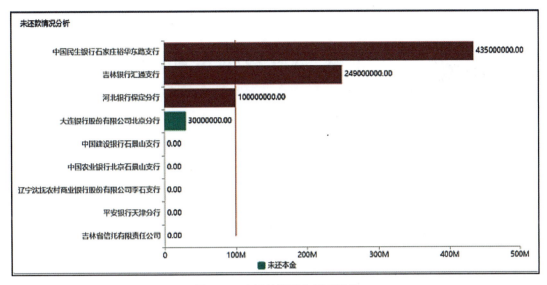

图 6-40 未还款情况分析可视化

进一步分析，检查贷款使用去向是否合理，同时通过还款计划与当年的现金流量表来分析大额贷款给公司带来的收益。操作步骤同上，在此不再赘述。

## 同步练习

1. 下列属于企业的受限资金的是（　　）。（单选题）
   A. 银行存款　　　　　　　　B. 货币资金
   C. 银行承兑保证金　　　　　D. 库存现金
2. 以下不是现金等价物的特点是（　　）。（单选题）
   A. 期限短、流动性强　　　　B. 易于变现
   C. 停留于货币形态　　　　　D. 价值变动风险小
3. 下列不属于经营活动产生的现金流量的是（　　）。（单选题）
   A. 销售商品　　　　　　　　B. 广告宣传
   C. 缴纳税款　　　　　　　　D. 发行债券
4. 下列不属于长期借款优点的是（　　）。（单选题）
   A. 筹资速度快　　　　　　　B. 资金成本较低
   C. 弹性较大　　　　　　　　D. 用款方式灵活

# 项目 7 企业销售数据分析与预测

**· 知识目标**

（1）理解销售分析整体思维。
（2）掌握销售收入整体分析指标。
（3）了解客户维度、产品维度、价格维度相关概念和意义。
（4）理解多元回归分析的概念。
（5）掌握销售价格预测的基本环节。

**· 技能目标**

（1）能够依据案例资料进行销售收入整体情况分析。
（2）能够使用数据表进行销售收入客户维度分析。
（3）能够使用数据表进行销售收入产品维度分析。
（4）能够使用数据表进行销售收入价格维度分析。
（5）能够根据收集的信息运用多元回归法对销售价格进行预测。

**· 素养目标**

（1）树立学生通过数据思维进行销售分析与预测的意识。
（2）培养学生运用分析云进行销售分析及预测的能力。
（3）强化学生善于运用数据进行分析预测的职业素养。
（4）培养学生精益求精的工匠精神和创新思维。

## 思维导图

 **导读**

在现代市场经济条件下，企业必须重视营销工作。俗语说："市场如战场。"作为企业的营销管理人员应学会运用大数据技术，实时掌握企业的产品销售状况，不断优化营销方案,为企业赢得更大的市场空间。

## 任务 7.1　认知企业销售收入数据

### 任务 7.1.1　创新运用大数据营销模式

营销模式从内容上来说,主要包括三个层面,营销逻辑、技能支撑及营销工具。著名营销实战专家程绍珊认为,未来的企业要想营销成功,有三个必要条件:①一定要有成功的大单品;②一定要建立一个利基市场,或是一个区域,或是一个渠道,或是一个细分人群;③要有关键性资源+系统能力。

#### 1. 全方位的体验营销

体验营销是指通过看(see)、听(hear)、用(use)、参与(participate)的手段,充分刺激和调动消费者的感官(sense)、情感(feel)、思考(think)、行动(act)、联想(relate)等感性因素和理性因素,重新定义、设计的一种思考方式的营销方法。体验营销不仅是体验产品与服务,还包括感官、情感、精神、行为和文化这五个方面的体验。例如,海底捞的微笑服务让顾客无法拒绝。消费者要求更多的是服务态度,体验的是情感与文化。

#### 2. 新型关系营销

关系营销是指企业在盈利的基础上,识别、建立、维护和巩固与顾客和其他伙伴之间的关系,以实现参与各方的目标,从而形成一种兼顾各方利益的长期关系。关系营销把营销活动看成企业与消费者、供应商、分销商、竞争者、政府机构及其他公众发生互动作用的过程,正确处理企业与这些组织及个人的关系是企业营销的核心,是企业经营成功的关键。它从根本上改变了传统营销将交易视作营销活动关键和终结的狭隘认识。企业应在主动沟通、互惠互利、承诺信任的关系营销原则的指导下,利用亲缘关系、地缘关系、业缘关系、文化习惯关系、偶发性关系等关系与消费者、分销商及其他组织和个人建立、保持并加强关系,通过互利交换及共同履行诺言,使有关各方实现各自的目的。例如,把消费者当朋友,母婴电商平台的线下门店生意来自会员。

#### 3. 精准的数据营销

数据营销(database marketing service,DMS)是在IT、Internet与Database技术发展上逐渐兴起和成熟起来的一种市场营销推广手段,它不只是一种营销方法、工具、技术和平台,更重要的是一种企业经营理念,也改变了企业的市场营销模式与服务模式,从本质上讲是改变了企业营销的基本价值观。通过收集和积累消费者大量的信息,经过处理后预测消费者有多大可能去购买某种产品,以及利用这些信息给产品以精确定位,有针对性地制作营销信息,达到说服消费者去购买产品的目的。通过数据库的建立和分析,各个部门都对消费者的资料有详细全面的了解,可以给予消费者更加个性化的服务支持和营销设计,使"一对一的顾客关系管理"成为可能。DMS在企业市场营销行为中具备广阔的发展前景。例如"孩子王",顾客信息可以通过 160 个维度搜索到,比如血型、吃几段奶粉、穿几号纸尿裤,等等,实现了基于大数据的精准营销。

### 4. 跨界整合营销

整合营销(integrated marketing)是一种对各种营销工具和手段的系统化结合,根据环境进行即时性的动态修正,以使交换双方在交互中实现价值增值的营销理念与方法。整合就是把各个独立的营销综合成一个整体,以产生协同效应。这些独立的营销工作包括广告、直接营销、销售促进、人员推销、包装、事件赞助和客户服务等。企业应战略性地审视整合营销体系、行业、产品及客户,从而制定出符合企业实际情况的整合营销策略。整合营销是以消费者为核心重组企业行为和市场行为,综合协调地使用各种形式的传播方式,以统一的目标和统一的传播形象,传递一致的产品信息,实现与消费者的双向沟通,迅速树立产品品牌在消费者心目中的地位,建立产品品牌与消费者长期密切的关系,有效地达到广告传播和产品行销的目的。跨界整合是企业基于定位一致的共同目标消费者,进行协同整合的营销策略组合与资源共享。现今互联网上,微博、博客、微信、论坛、贴吧等都是企业关注的营销"面包",整合营销就可以让每个营销渠道互相关联促进,相辅相成,达到 1+1>2 的效果。

全方位的体验营销、新型关系营销、精准的数据营销、跨界整合营销,这四种营销模式未来会有更多企业采用,并在不断创新中成为主流。

## 情境元素

精益求精　工匠精神

## 思政情境

质量造就名牌,名牌成就市场。

## 情境链接

江西省祥橱实业有限公司董事长兼总经理徐春发,自 2005 年创建江西省祥橱实业有限公司以来,依靠团结务实领导集体,锐意进取,勇于创新,顺应改革形势,不断完善企业制度,强化内部经营管理机制。

"产业报国,造福社会"是徐春发早已确立的创业理想;"人民健康高于一切"是徐春发始终恪守的企业道德准则。徐春发在发展历程中,始终坚持走品牌发展战略,以品牌战略作为企业的核心战略,坚持倡导健康的饮食理念,坚持走科技兴企之路,建立了一流的中心化验室和质量监控系统、完备的市场服务网络、诚信的企业文化,以品质创立品牌、以服务维护品牌、以文化培育品牌,从而受到了消费者的广泛信赖。因此,徐春发视质量为企业的生命,视诚信为企业的无形资产,视关爱人类的健康为最高天职。徐春发反复强调,质量就是企业的生命,质量就是无声的推销员,没有对产品技术、质量的精益求精,产品就不可能有竞争力,提高国际竞争力也是不可能的。徐春发始终以质量开拓市场、以质量站稳市场，用质量公式做标尺，用监管制度做保障，用科技创新做支撑，坚持质量第一的理念。

## 任务 7.1.2  分析销售收入大数据实操

营业收入（operating revenue）是从事主营业务或其他业务所取得的收入，是指在一定时期内，商业企业销售商品或提供劳务所获得的货币收入。营业收入包括主营业务收入和其他业务收入。主营业务收入是指企业经常性的、主要业务所产生的收入。例如，制造业的销售产品、半成品和提供工业性劳务作业的收入；商品流通企业的销售商品收入；旅游服务业的门票收入、客户收入、餐饮收入等。主营业务收入在企业收入中所占的比重较大，它对企业的经济效益有着举足轻重的影响。其他业务收入是指除上述各项主营业务收入之外的其他业务收入，包括材料销售、外购商品销售、废旧物资销售、下脚料销售、提供劳务性作业收入、房地产开发收入、咨询收入、担保收入等其他业务收入。其他业务收入在企业收入中所占的比重较小。

营业收入是企业补偿生产经营耗费的资金来源。营业收入的实现关系到企业再生产活动的正常进行，加强营业收入管理分析，可以使企业的各种耗费得到合理补偿，有利于再生产活动的顺利进行。营业收入是企业的主要经营成果，是企业取得利润的重要保障，加强营业收入管理分析是实现企业财务目标的重要手段之一。营业收入是企业现金流入量的重要组成部分，加强营业收入管理分析，可以促使企业深入研究和了解市场需求的变化，以便做出正确的经营决策，避免盲目生产，这样可以提高企业的素质，增强企业的竞争力。

大数据时代下，企业的营业收入可以分别从整体、客户维度、产品维度、价格维度四个方面进行分析。

### 1. 销售收入整体分析

销售收入是衡量企业经营状况和市场占有能力、预测企业经营业务拓展趋势的重要标志。不断增加的销售收入，是企业生存的基础和发展的条件，如表 7-1 所示。

表 7-1  销售收入整体分析

| 具体维度 | | 解析说明 |
| --- | --- | --- |
| 总量分析 | 销售总额 | 销售总额与增长速度是表明企业整体实力的重要标志，增长速度越快，企业抵御风险的能力越大 |
| | 品种构成 | 对企业营业收入的品种构成进行分析，可以观察企业的产品和服务是否符合市场的需求，企业产品品种的变化也反映了企业发展战略的变化 |
| | 区域构成 | 不同区域消费者的消费偏好不同，企业产品的配置是否适应了这种偏好差异，可通过分析企业的销售区域及各个区域的销售表现，快速定位中心区域，发现潜在市场，从而为下阶段区域布局策略提供数据依据 |
| 成长性分析 | 定基分析 | 是选定某一会计期间作为基期，然后将其余各期与基期进行比较，从而计算得到趋势百分比，侧重反映长期的大趋势 |
| | 环比分析 | 是将本期数与上期数相比得到趋势百分比，侧重反映短期趋势，会受季节等因素的影响 |

续表

| 具体维度 | | 解析说明 |
|---|---|---|
| 纵向对比分析 | 月/季/年 | 分析反映收入的增减变化趋势，通过纵向分析可以分析出销售收入的季节因素；依据行业销售淡旺季规律，与销售数据中的销售行程进行对比，分析淡旺季发展规律；可以为客户提供渠道压货规则及生产运作规划；可以结合行业未来发展及其他影响企业发展的潜在因素，对企业下一期收入进行前瞻性预测；纵向对比可以按月比较，按季度比较，或按年度比较 |
| 横向对比分析 | 行业基准/标杆 | 行业基准是行业内所有企业某个相同财务指标的平均水平，或者是较优水平，通过这种比较，可以说明企业在本行业竞争中所处的地位及与标杆企业的差距 |
| 相关性分析 | 利润增长率 | 本期收入与本期利润的关联性，可以反映很多问题，例如利润增长率反映企业的利润增长速度，若高于销售收入增长速度，说明企业的盈利能力增强；而销售收入增长率明显高于利润增长率，可以反映毛利率变化的趋势或企业成本与费用的变化趋势 |
| | 应收款项增长率 | 赊销是促销的手段之一，一般来说，应收款项与营业收入存在一定的正相关关系，在较好的经营状况下，应收款项的增长率往往小于营业收入的增长率；当应收账款增长率大于营业收入增长率时，说明营业收入中的大部分属于赊销，资金回笼较慢，企业的资金利用效率有所降低，影响了企业的资产质量，加大了经营风险 |
| | 预售款项增长率 | 预收账款是企业下游议价能力的体现，也是收入的先行指标，预收账款大幅增加的企业，收入接下来大概率也会增加，但考虑预收账款时必须区分行业，常见预收账款模式的行业有地产行业、白酒行业、软件科技类行业等 |

### 2. 销售收入客户维度分析

企业经营的目的是盈利，它不会以一个标准对待所有客户，需要将客户按照一定的标准进行细分，如表7-2所示。

表7-2 销售收入客户维度分析

| 具体维度 | 解析说明 |
|---|---|
| 客户特征 | 一般客户的需求主要是由其社会和经济背景决定的，因此对客户的特征细分，也是对其社会和经济背景所关联的要素进行细分，这些要素包括地理（如居住地、行政区、区域规模等）、社会（如年龄范围、性别、经济收入、工作行业、职位、受教育程度、宗教信仰、家庭成员数量等）、心理（如个性、生活形态等）和消费行为（如置业情况、购买动机类型、品牌忠诚度、对产品的态度等）等要素 |
| 客户价值区间 | 不同客户给企业带来的价值并不相同，有的客户可以连续不断地为企业创造价值和利益，因此企业需要为不同客户规定不同的价值。在经过基本特征的细分之后，企业需要对客户进行从高价值到低价值的区间分隔（如大客户、重要客户、普通客户、小客户等），以便根据20%的客户为项目带来80%的利润的原理重点锁定高价值客户。客户价值区间的变量包括客户响应力、客户销售收入、客户利润贡献、忠诚度、推荐成交量等 |

续表

| 具体维度 | 解析说明 |
|---|---|
| 客户共同需求 | 围绕客户细分和客户价值区隔，选定最有价值的客户细分作为目标客户细分，提炼它们的共同需求，以客户需求为导向精确定义企业的业务流程，为每个细分的客户市场提供差异化的营销组合 |
| 客户消费行为 | 许多行业对消费行为的分析主要从三个方面考虑，即 RFM：最近消费、消费频率与消费额。这些指标都需要在账务系统中得到，但并不是每个行业都适用。在通信行业，例如，对客户分类主要依据以下变量：话费量、使用行为特征、付款记录、信用记录、维护行为、注册行为等。按照消费行为来分类通常只能适用于现有客户，对于潜在客户，由于消费行为还没有开始，客户分类当然无从谈起。即使对于现有客户，消费行为分类也只能满足企业客户分层的特定目的。例如奖励贡献多的客户。至于找出客户中的特点为市场营销活动找到确定对策，则要进行更多的数据分析工作 |

### 3. 销售收入产品维度分析

有人认为产品是企业赖以生存的根本，而产品创新是企业的生命线，还有人认为产品质量是企业的生命线。可见，产品对于企业来说是至关重要的。

波士顿矩阵又称市场增长率－相对市场份额矩阵，由美国著名的管理学家、波士顿咨询公司创始人布鲁斯·亨德森于1970年首创。销售增长率与市场占有率既相互影响，又互为条件，通过两个因素相互作用，会出现四种不同性质的产品类型，形成不同的产品发展前景，这四类产品分别是金牛产品、明星产品、瘦狗产品和问题产品，如图7-1和表7-3所示。

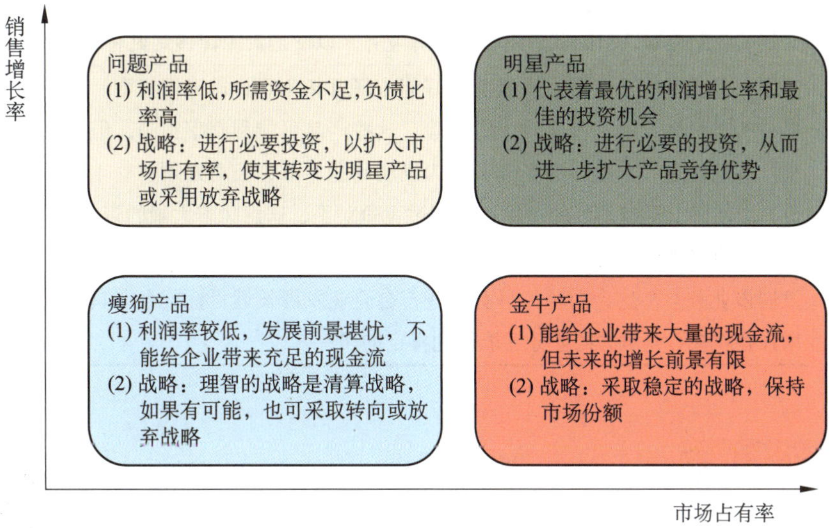

图 7-1 波士顿矩阵图

市场吸引力包括企业销售量增长率、目标市场容量、竞争对手强弱、利润高低等。其中最重要的是反映市场引力的综合指标——销售增长率，这是决定企业产品结构是否合理的外在因素。企业实力包括市场占有率、技术、设备、资金利用能力等，其中市场占有率是决定企业产品结构的内在因素,它直接显示出企业的竞争实力。

表 7-3 波士顿矩阵

| 具体维度 | 解 析 说 明 |
|---|---|
| 金牛产品 | 低增长但高市场占有率,成熟市场的领导者,应降低投资,维持市场占有率并延缓衰退。金牛产品能给企业带来大量的现金流,但未来的增长前景有限。由于市场已经成熟,企业不必大量投资来扩展市场规模,同时作为市场中的领导者,该业务享有规模经济和高边际利润的优势,因而给企业带来大量现金流。企业往往用金牛业务来支付账款,并支持其他三种需大量现金的业务。金牛业务适合采用战略框架中提到的稳定战略,目的是保持战略事业单位的市场份额。常见的金牛产品如百度的搜索业务、腾讯的游戏业务、用友公司的 U8 产品线 |
| 明星产品 | 高增长且高市场占有率,发展前景好,竞争力强,需加大投资以支持其发展。这个领域中的产品处于快速增长的销售增长率并且占有支配地位的市场份额,但是否会产生正现金流量,这取决于新工厂、设备和产品开发对投资的需要量。明星型业务是由问题型业务继续投资发展起来的,可以视为高速成长市场中的领导者,它将成为公司未来的金牛业务。但这并不意味着明星业务一定可以给企业带来源源不断的现金流,因为市场还在高速成长,企业必须继续投资,以保持与市场同步增长,并击退竞争对手。常见的明星产品如用友公司的云系列、阿里的盒马生鲜业务线等 |
| 瘦狗产品 | 低增长且低市场占有率,利润率低甚至亏损,应采取撤退战略。这个领域中的产品几乎不能产生大量现金,并且没有希望改进其绩效。一般情况下,这类业务常常是微利甚至是亏损,瘦狗型业务存在的原因更多的是由于感情上的因素,虽然一直微利经营,但像人养了多年的狗一样恋恋不舍而不忍放弃。其实,瘦狗型业务通常要占用很多资源,例如资金、管理部门的时间等,多数时候是得不偿失的。瘦狗型业务适合采用战略框架中提到的收缩战略,目的在于出售或清算业务,以便把资源转移到更有利的领域 |
| 问题产品 | 高增长但低市场占有率,发展前景好但市场开拓不足,需谨慎投资。处在这个领域中的是一些投机性产品,带有较大的风险。这些产品可能利润率很高,但占有的市场份额很小。这往往是一个公司的新业务。为发展问题业务,公司必须建立工厂,增加设备和人员,以便跟上迅速发展的市场,并超过竞争对手,这意味着大量的资金投入。"问题"非常贴切地描述了公司对待这类业务的态度,因为这时公司必须谨慎回答"是否继续投资,发展该业务?"这个问题。只有那些符合企业发展长远目标、企业具有资源优势、能够增强企业核心竞争力的业务才能得到肯定的回答 |

### 知识拓展

按照波士顿矩阵的原理,产品市场占有率越高,创造利润的能力越大;另外,销售增长率越高,为了维持其增长及扩大市场占有率所需的资金也越多。这样可以使企业的产品结构实现产品互相支持,资金良性循环的局面。按照产品在象限内的位置及移动趋势的划分,形成了波士顿咨询集团法的基本应用法则:第一法则——成功的月牙环;第二法

微课:财务大数据微课堂视频波士顿矩阵分析

则——黑球失败法则；第三法则——西北方向大吉；第四法则——踊跃移动速度法则。

【讨论】波士顿矩阵应用的局限性。

### 4. 销售收入价格维度分析

商品的价格（price）是消费者决定购买与否的关键因素。增加销售收入的途径之一，就是提高产品价格，但如何提高，提高多少是顾客可接受的，这是个大问题。如果价格过高，就会导致客户流失；如果价格过低，就会导致销售收入减少，从而降低相关财务指标和影响企业的整体运营表现。可见，价格的变化会导致产品需求量的变化，如表 7-4 所示。

表 7-4　价格影响因素

| 具体维度 | 解释说明 |
| --- | --- |
| 市场需求 | 市场需求与价格的关系可以简单地用市场需求潜力与需求价格弹性来反映。市场需求潜力是指在一定的价格水平下，市场需求可能达到的最高水平。需求价格弹性是指在其他条件不变的情况下，某种商品的需求量随其价格的升降而变动的程度，它是用需求变化率与价格变化率之比来表示的。需求价格弹性大的商品，其价格的制定和调整对市场需求的影响大；需求价格弹性小的商品，其价格的制定和调整对市场需求的影响小 |
| 供应商成本的高低 | 这是影响采购价格最根本、最直接的因素。任何企业的存在都是因为利润，任何产品的生产都是受到利益驱动，供应商进行生产的目的是获得利润。因此，采购价格一般在供应商成本之上，两者之差即为供应商的利润，供应商的成本是采购价格的底线。尽管经过谈判供应商大幅降价的情况时常出现，但这只是因为供应商报价中水分太多的缘故，采购价格的高低不是全凭双方谈判随心所欲而决定的 |
| 规格与品质 | 采购企业对采购品的规格和品质要求越复杂，采购价格就越高。采购人员应首先确保采购物品能满足本企业的需要，质量能满足产品的设计要求，千万不要只追求价格最低，而忽略了质量 |
| 采购数量 | 如果采购数量大，供应商为了回报采购方，更是为了向采购方示好，必然在讨价还价中或多或少地降低采购价格，这样一来采购企业就会享受供应商的数量折扣，从而降低采购的价格。因此，大批量、集中采购不失为一种降低采购价格的有效途径 |
| 生产季节与采购时机 | 当企业处于生产旺季时，由于对原材料需求紧急，采购方不得不承受更高的价格。避免这种情况的最好办法是提前做好生产计划，并根据生产计划制订相应的采购计划，为生产旺季的到来提前做好准备。当然，这种时机往往是处于生产淡季 |
| 交货条件 | 交货条件也是影响采购价格非常重要的因素，交货条件主要包括运输方式、交货期的缓急等。如果货物由采购方承运，则供应商就会降低价格，反之就会提高价格。有时为了争取提前获得所需货物，采购方会适当提高价格 |
| 付款条件 | 在付款条件上，供应商一般规定有现金折扣、期限折扣，以刺激采购方提前用现金付款。因此，这种付款条件在得到采购方的遵守时，采购价格也就必须随之而变 |
| 国家价格政策 | 每个国家对市场物价的高低和变动都有限制和法律规定。同时，国家还利用生产市场、货币金融、海关等手段间接调节价格。在进行国际贸易时，各国政府对价格制定的限制措施往往更多、更严。因此，企业应很好地了解本国及所在国关于物价方面的政策和法规，并以其作为自己制定价格的依据 |

除以上这些因素，影响产品价格的还有产品生命周期、售后服务、企业形象与产品品牌等其他因素。

振华服装公司的 2021 年与 2022 年收入构成情况表如表 7-5 所示。

表 7-5　振华服装公司的营业收入构成情况表

| 项　　目 | 2021 年比重 /% | 2022 年比重 /% |
|---|---|---|
| 营业收入 | 100 | 100 |
| 主营业务收入：<br>其中：<br>　　女装<br>　　童装<br>　　男装 | 90<br><br>48<br>35<br>7 | 92<br><br>57<br>25<br>10 |
| 其他业务收入<br>其中：<br>　　下脚料销售<br>　　运输业务<br>　　出租包装物 | 10<br><br>5<br>2<br>3 | 8<br><br>4<br>2<br>2 |

（1）对振华服装公司的营业收入构成情况分析

从总体来看，振华服装公司 2021 年和 2022 年收入的主要来源是主营业务收入，分别占营业收入的 90% 和 92%。2022 年的主营业务收入较 2021 年有所增加。同时可以看出，企业要增加收入，重点应扩大女装和童装的销售。其中，女装所占比重由 48% 上升到 57%。童装所占比重下降了 10%，公司应有针对性地研究对策，改变这种局面。从其他业务收入来看，2022 年比 2021 年下降了 2%，对营业收入总额的影响不大。

（2）营业收入客户构成分析

在分析中发现，振华服装公司童装的销售量 2022 年比 2021 年降低了 10%。进一步了解到，该公司生产的童装主要在大中城市销售，随着人们生活水平的提高，家长对童装款式、面料的要求越来越高，但公司在近几年只注重了女装品牌的开发，忽视了对童装的定位和创新，与市场需求相比是滞后的。公司针对这个问题，可以有以下对策：一是将童装销售的重心往县城、乡镇转移，但销售价格可能要进行调整；二是继续以大中城市作为主市场，但必须创新；三是进行销售战略调整。

## 任务 7.2　认知企业销售价格数据

### 任务 7.2.1　运用大数据预测销售价格

#### 1. 价格预测的意义

价格预测是根据各种价格资料，运用科学方法，对市场价格运动状况及其变化趋势做出符合客观规律的判断和推理，为销售预测、利润预测、资金需要量预测及价格决策提供依据。从范围上，价格预测可分为宏观预测和微观预测。前者以社会全部商品价格变动情况为对象；后者则以某种或某类商品价格变动情况为对象。从时间上，价格预测可分为长期预测和短期预测。

#### 2. 价格预测的基本环节

首先，确定预测目标，即通过对各种因素的通盘考虑，正确选择所要了解的情况和所要解决的问题。其次，收集预测资料，即通过价格信息系统和其他各种渠道，尽可能全面、真实、系统、具体地掌握预测所需要的精确数据。再次，选择预测模型，即根据不同的预测目标和精确程度的不同要求，选择相应的预测方法，如时间序列、多元回归等。最后，做出预测结果的报告和判断，即对所预测的结果进行科学的分析、判断、论证和评论。

#### 3. 影响价格的因素

影响价格的因素有很多，主要有国内外市场的供需状况，价格的变动趋势，所处地域对价格的影响，该产品升级换代的速度，新技术、新材料产品和新的替代产品的出现，国内外税费、利率、汇率的变化及非贸易壁垒对价格的影响，生活水平和消费习惯改变，某些因素导致生产成本的变化及经济政策的变化等。概括成关键词就是成本、政策、产量、国际贸易价格、下游需求、替代产品、产品库存变化、宏观经济形势。

#### 4. 价格预测模型

传统的价格预测方法有定性预测法、因果预测法、价格指数预测法、价格弹性预测法、成本利润预测法，等等。在大数据时代，应用大数据技术，可以选择时间序列、回归分析、决策树及神经网络模型来进行价格预测。由于多元回归分析的原理简单，序列速度快，因此选择多元回归模型来进行价格预测。

### 任务 7.2.2　构建销售价格分析的相关模型

#### 1. 回归分析的概念

回归分析是研究一个变量关于另一个或者多个变量之间具体依赖关系的计算方法和理论。在大数据分析中，回归分析是一种预测性的建模技术，它研究的是因变量和自变量之间的关系。这种技术通常用于预测分析。按照涉及变量的多少，回归分析可分为一元回归分析和多元回归分析；按照自变量和因变量之间的关系类型，回归分析可分为线性回归分析和非线性回归分析。回归分析如图 7-2 所示。

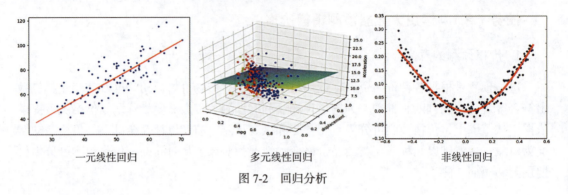

一元线性回归　　　　多元线性回归　　　　非线性回归

图 7-2　回归分析

### 2. 回归分析的模型

（1）一元线性回归模型

一元线性回归是描述两个变量之间相关关系的最简单的回归模型，如图 7-3 所示。

公式为

$$Y=\beta_0+\beta_1+\varepsilon$$

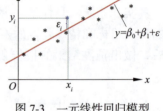

（2）多元线性回归模型

图 7-3　一元线性回归模型

多元线性回归是描述多个变量之间相关关系的回归模型，如图 7-4 所示。

公式为

$$Y=\beta_0+\beta_1X_1+\beta_2X_2+\beta_3X_3+\cdots+\beta_xX_x+\varepsilon$$

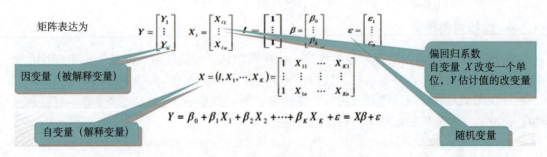

图 7-4　多元线性回归模型

（3）回归流程

回归流程如图 7-5 所示。

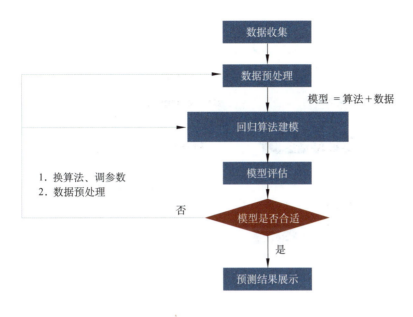

图 7-5　回归流程

（4）注意事项

算法对于噪声和异常值比较敏感。因此，在实践应用中，应在回归之前消除噪声和异常值，以确保模型的稳定性和准确性。算法只适合处理线性关系，如果自变量和因变量之间有比较强烈的非线性关系，直接利用多元线性回归不合适，应该对自变量进行一定的转换，例如取对数、开平方、取平方根等。除此之外，多元线性回归还应满足一些前提假设，自变量是确定的变量，而不是随机变量，并且自变量之间没有线性相关性，随机误差项具有均值为 0 和等方差性，随机误差呈正态分布等。

## 任务 7.3　实战演练——企业销售分析与预测

### 任务 7.3.1　销售收入分析

【案例背景】公司召开业务经营分析会，要求财务总监对企业的销售情况进行专项分析，全面深入地分析企业的销售收入状况，为经营决策提供数据支撑。

【任务目标】财务分析师从整体收入、客户维度、产品维度、价格维度四个方面展开分析，洞察数据背后的含义，溯源分析指标增减比率的合理性与异常项，为管理层后续决策提供支持。

【任务实现】

（1）销售收入整体分析。

（2）客户维度分析。

（3）产品维度分析。

（4）价格维度分析。

查看数据源（数据源为公司 ERP 系统中财务模块和销售模块的数据，该数据直接从 ERP 系统中导出，经过格式转换，已上传内置在分析云中），如图 7-6 所示。

图 7-6　查看数据源

### 1. 销售收入整体分析

（1）确定分析目标

财务分析师与管理层进行沟通，确定管理层想要了解的关于销售收入的信息，主要有以下方面：直观展示出本期公司的总体销售收入与各子公司的收入情况；展示出母公司的营业收入构成；展示出母公司的收入是由哪些产品收入构成的；展示母公司营业收入趋势变化，并与同行企业进行对比，判断其收入变化趋势是否与同行趋势相符；展示母公司营业收入的趋势图，明细到季度，观察其营业收入是否有淡旺季之分。

（2）确定分析指标

根据分析目标，确定分析的指标与内容为本期集团营业收入、各机构本期营业收入、母公司营业收入结构、母公司各项产品的收入构成、母公司历年营业收入横向对比、母公司营业收入趋势图（按季）。

（3）指标计算

以本期集团营业收入为例，操作步骤如下。

登录新道财务大数据平台，打开"训练计划→销售分析→销售整体分析"，单击【开始任务】按钮，系统自动跳转至用友分析云页面，如图 7-7 所示。

**步骤一**：新建故事板，将其命名为"销售收入整体分析"，保存在"我的故事板"文件夹里。

**步骤二**：新建可视化，将其命名为"本期集团营业收入"，数据表选择"销售收入汇总——销售收入总体统计"，该表存放在数据集销售分析里。

**步骤三**：设置维度与指标。维度为空值；指标选择"金额"（汇总方式为求和）。

**步骤四**：设置图形，可以选择指标卡。

**步骤五**：根据题目要求设置过滤条件，如图 7-8 所示。

项目 7　企业销售数据分析与预测

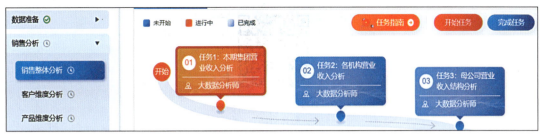

图 7-7　集团营业收入分析页面

图 7-8　设置过滤条件

**步骤六**：指标计算完毕，单击【保存】按钮并退出，如图 7-9 所示。

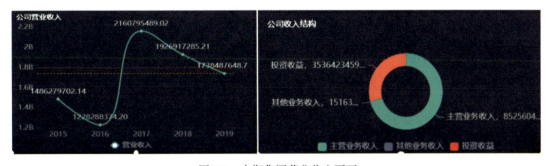

图 7-9　本期集团营业收入页面

视频：实操演练销售收入整体分析

### 2. 客户维度分析

（1）确定分析目标

通过相关指标和数据的分析，了解公司客户数量、客单价情况，哪些是公司的重要客户，分析重要客户的历年销售趋势，进而判断公司的客户关系维护情况；了解内外部客户占比，判断公司收入的来源是源于外部还是内部。此外，通过分析客户销售区域分布，确定哪些地区是重点区域，哪些区域是可开拓的区域。

（2）确定分析指标

根据分析目标，我们可以分析的指标有客户数量及客单价、客单价与客户数同比分析、客户销售地区分布分析、内外部客户销售额占比分析、外部客户销售额排名。

（3）指标计算

登录新道财务大数据平台，打开"训练计划—销售分析—销售客户维度分析"，单击【开始任务】按钮，系统自动跳转至用友分析云页面，如图 7-10 所示。

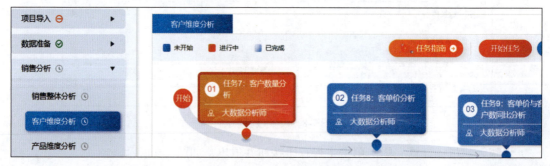

图 7-10　客户维度分析页面

**步骤一：** 新建可视化并将其命名为"客单价"，数据表选择"客单价计算表"，该表存放在数据集销售分析里。

**步骤二：** 设置维度与指标。维度选择"年"（升序排列），指标选择"客单价"。如果指标中没有客单价，需要新建，单击"指标"右侧的＋按钮，新建字段信息名称为"客单价"，字段类型为数字，表达式为"销售金额/客户数量"，如图 7-11 所示。

**步骤三：** 客单价可视化指标计算完毕，单击【保存】按钮并退出，如图 7-12 所示。

图 7-11　维度与指标设置

图 7-12　客户维度分析——客单价页面

## 3. 产品维度分析

（1）确定分析目标

根据产品销售收入、销量、毛利率排名能确定公司的金牛产品、明星产品、问题产品与瘦狗产品；分析金牛产品历年销售趋势，分析金牛产品销售同比增长及增长原因；产品毛利趋势变动。

（2）确定分析指标

根据分析目标，确定分析指标为各类产品的销售收入排名、销量排名、销售单价排名、主要产品销售收入与公司总销售收入的趋势分析、主要产品收入增长因素分析、产品毛利分析。

（3）指标计算

登录新道财务大数据平台，打开"训练计划—销售分析—销售产品维度分析"，单击【开始任务】按钮，系统自动跳转至用友分析云界面，如图 7-13 所示。

图 7-13　产品维度分析页面

本案例从产品销售排名分析，操作步骤如下。

**步骤一**：新建可视化，将其命名为"产品销售收入排名"，数据表使用"产品销售汇总表"，该数据表存放在数据集"销售分析"里，如图7-14所示。

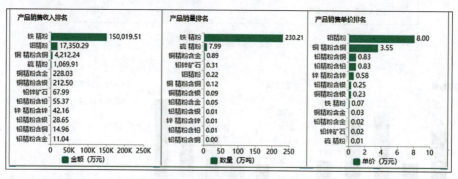

图7-14 产品销售排名分析页面

**步骤二**：设置维度与指标。维度选择产品名称。
**步骤三**：设置图形，选择条形图。
**步骤四**：设置过滤条件。
**步骤五**：查看分析结果并按照上述操作步骤完成销售收入、销售量及单价排名。

### 4. 价格维度分析

（1）确定分析目标

为了解公司的各类产品情况，还需要进一步对各类产品做价格维度的分析。重点要掌握金牛产品和明星产品的价格历史趋势，并收集现金牛产品与明星产品的市场销售价格，制作市场价格表，并与公司的产品价格进行对比。

视频：实操演练产品价格维度分析

（2）确定分析指标

分析金牛产品连续多年的销售价格趋势，并横向对比市场销售单价。

（3）指标计算

登录新道财务大数据平台，打开"训练计划—销售分析—销售价格维度分析"，单击【开始任务】按钮，系统自动跳转至用友分析云页面，如图7-15所示。

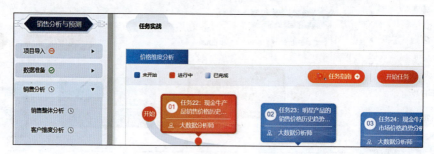

图7-15 价格维度分析页面

**步骤一**：新建可视化，将其命名为"金牛产品市场价格趋势"，该数据表存放在数据集"销售分析"里。

**步骤二**：设置维度与指标。维度需要新建一个"年—月的层级"，升序排列层级；指标选择"市场价格"。新建维度层级需要单击"维度"右侧的+按钮，单击【层级】按钮，设置层级名称"年穿透月"，钻取路径年到月。

**步骤三**：设置图形，可以选择折线图。

**步骤四**：金牛产品的销售价格历史趋势可视化分析计算完毕，单击【保存】按钮并退出，如图 7-16 所示。

图 7-16 销售价格趋势分析页面

### 任务 7.3.2 销售价格分析

【**案例背景**】公司召开业务经营分析会，管理层要求财务总监预测下一期其主营产品的销售价格，为编制下一期的销售收入预算提供数据支持。

【**任务目标**】财务分析师利用多元回归算法预测产品的销售价格。

【**任务实现**】

（1）确定销售价格的影响因素。

（2）收集影响因素的历史数据。

（3）对收集的数据进行清洗。

（4）使用多元回归算法进行价格预测。

【**实战演练**】一般影响销售价格的因素有成本、产量、国际贸易价格、下游需求、替代产品、产品库存变化、国家相关政策、宏观经济形势等。在定义时，一定要注意这些影响因素历史数据的可获得性。收集数据时须对数据进行清洗并保存，如图7-17所示。

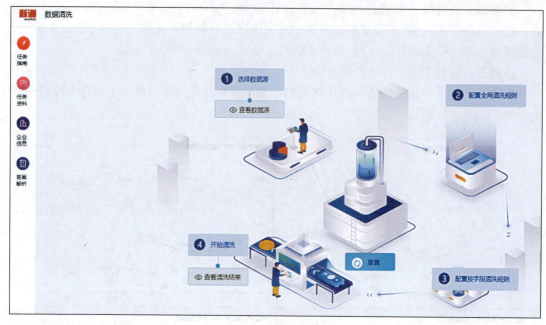

图7-17 数据清洗

数据清洗后，使用多元回归方法对产品销售价格进行预测。操作步骤如下。

**步骤一**：选择数据源，上传所需数据，单击【保存】按钮。保存后可单击【查看数据源】按钮，观察数据是否有问题，如图7-18所示。

图7-18 查看数据源

**步骤二**：配置模型。单击【配置模型】→【线性回归】按钮，设置自变量与因变量，配置模型参数，如图7-19所示。

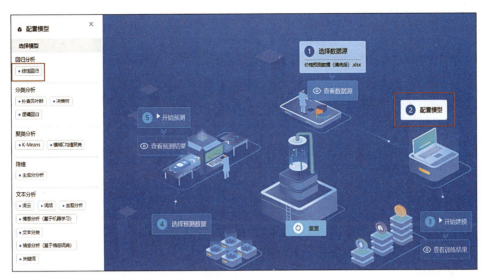

图 7-19 配置模型页面

**步骤三**：建模。单击【开始建模】按钮，建模完毕并查看结果，将结果导出保存在本地电脑，如图 7-20 所示。

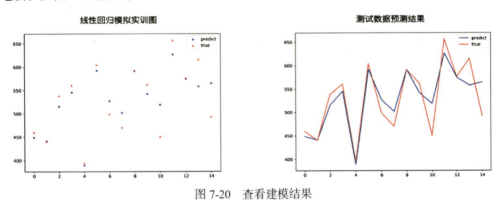

图 7-20 查看建模结果

**步骤四**：预测数据。选择预测数据源并上传，单击【开始预测】按钮，并查看预测结果，如图 7-21 所示。

图 7-21 预测数据页面

## 同步练习

1. 常用的客户分类方法是（　　）。（单选题）
   A. 波士顿矩阵法　　　　　　　　B. 巴雷托分析法
   C. PEST 分析法　　　　　　　　D. SWOT 分析法

2. （　　）是指高销售增长率、低市场份额的产品，发展前景好但市场开拓不足，需谨慎投资。（单选题）
   A. 金牛产品　　　　　　　　　　B. 瘦狗产品
   C. 明星产品　　　　　　　　　　D. 问题产品

3. 价格弹性是企业决定产品提价或降价的主要依据。一般来说，在需求曲线具有弹性的情况下，企业可以采取（　　）策略。（单选题）
   A. 降价　　　　　　　　　　　　B. 提价
   C. 保持不变　　　　　　　　　　D. 降价或提价

4. 销售分析可以分为（　　）部分。（多选题）
   A. 整体销售　　　　　　　　　　B. 客户维度
   C. 产品维度　　　　　　　　　　D. 价格维度

5. 波士顿矩阵是通过把销售增长率和市场占有率作为两个判断指标，将企业现有产品分为四类。（　　）（判断题）

# 项目 8 企业费用数据分析与洞察

- **知识目标**

（1）了解费用的构成。
（2）了解企业费用管理的重要性。
（3）掌握费用分析与数据洞察的过程与方法。

- **技能目标**

（1）会创建费用整体分析管理驾驶舱。
（2）会创建可视化图表进行数据的同比分析。
（3）能够对异常费用项目分析其发生的部门和人员，要求给出费用发生的解释，并通过财务收集信息验证其解释的真实性。

- **素养目标**

（1）培养学生具备基本的费用分析素养，为企业运营提供可视化的费用数据操作、分析和讨论的基本素质支撑。
（2）拓宽智能化费用管理在实际业务中的应用，提高青年知行合一的能力。

 **思维导图**

```
                                          ── 认知企业费用数据
          企业费用数据分析与洞察
实战演练——企业费用分析与洞察 ──        ── 分析与洞察企业费用数据
```

 **导读**

实现高质量、低成本是企业的核心竞争力。只有优质的产品才能在激烈的市场竞争中生存，只有低价的产品才能吸引顾客。费用管理是企业管理的一个重要环节，因此，必须对企业的全面成本费用进行管理，实行有效的成本控制。

## 任务 8.1　认知企业费用数据

### 1. 费用分析的重要性

成本是为了获取某项资产而花费的实际支出，是反映企业工作质量的综合性指标。例如，生产过程中的原料浪费、生产率高低、设备利用率、产品质量的优劣、资金周转的快慢等企业的管理水平，均体现在产品的成本中。因此，可以说，产品成本越低，企业的管理水平就越高，从而企业的经济效益就越好。费用是指在收入取得过程中，直接或间接耗用的资产。一般而言，企业的费用包括制造费用、期间费用（财务费用、管理费用和销售费用）。

企业的成本费用控制是企业增加收益、提高市场竞争力的重要手段。在通常情况下，企业将成本费用控制的方向都对准了期间费用，通过对销售费用、管理费用和财务费用这三个方面的费用管理，实现企业以下几点价值：①准确的费用数据是制定价格的依据，便于企业提高市场竞争能力；②直接经济效益的体现：收入－费用＝利润，费用的降低＝收入增加＝利润增加＝净利润增加；③费用关联到企业每个部门、员工，具有全员管理与节约的重要意义；④费用管理水平的提高可以带动和促进整个企业管理水平的提高。

### 2. 费用分析方法

费用分析的目标包括：①分析费用形成的原因；②研究影响费用升降的各种因素；③寻找降低费用可以采取的措施和途径。

从费用数据分析中发现问题，核心分析方法是对比。首先要明确分析目标；其次是确定数据范围，也就是对比什么数据；最后了解如何进行对比，也就是对比的方法。

（1）历史对比

历史对比即同比与环比，也就是分析要素相同，但分析时间不同。例如，将本月费用合计数与上月费用合计数做比较，或将本月费用合计数与去年同期费用合计数做比较；该分析方法可以判断出费用浮动的合理性。当然，为了给出准确的分析结果，我们还需要了解数据背后的实际意义，做深入的数据洞察溯源分析。

（2）横向对比

横向对比是指将本企业费用数据指标与同行业均值数据指标做比对，或将本企业费用数据指标与行业内对标企业数据指标做对比。这样可以更好地了解本企业费用指标在行业内的一个排名，及时优化低于行业均值的费用指标，从而进一步提高企业利润。

（3）结构百分比

由于行业不同，每家公司产生的销售费用、管理费用及财务费用多少也有所不同，如何判断企业销售费用、管理费用及财务费用的合理性，我们可以参考结构百分比分析法，找到利润表中较为重要的一项。例如，将营业收入数据作为100%，然后分别找到销售费用、管理费用及财务费用与营业收入的比重关系。结构百分比法排除了规模的影响，使不同比较对象建立起可比性。

（4）多维度分析

我们分析的数据项越多，可以发现的问题及洞察的机会也就越多。例如，本月与上月销售费用总量对比没有太大异常，但对比各部门费用分析就会发现异常，在总量不变的情况下，各部门费用是不同的；或者各部门费用分析没有异常，但单一的报销科目有异常，例如发生

微课：费用分析

大额异常业务招待费等。多维度的分析，要求使用的分析指标也是不同的，例如平均数、中位数、最大值、最小值及各个比率。

## 任务8.2　分析与洞察企业费用数据

### 1. 管理费用分析

（1）管理费用的概念

管理费用是指企业行政管理部门为组织和管理经营活动而发生的各项费用。管理费用由多种费用项目组成，各费用项目的经济内容和经济用途不同，引起其变动的原因也多种多样，因而在进行管理费用分析时，应按费用项目，结合相关的资料和情况，查明其变动的原因，作出具体评价。

为了便于分析，也可按费用的经济内容和经济用途及其变动原因，将各费用项目归类研究。

① 管理性费用。例如，企业行政管理部门人员薪酬、各种办公用物料消耗、办公费、差旅费等。这类费用支出的多少主要取决于企业管理系统的设置和运行情况，与企业的业务量几乎没有关系。因此，可以采用预算控制法予以控制和管理。在具体分析时，除按各费用项目追究其超出预算的变动原因外，还应从紧缩开支、提高工作效率的要求出发，检查企业有关精简机构、合并职能、压缩人员等措施的执行情况。

② 发展性费用。例如，研究开发费用、职工教育经费等。这类费用支出与企业发展相关，虽然在当期甚至近期无法看到成效，而且很容易因企业追求调整账面利润的需要而减少，但它们却是企业未来发展至关重要的投入，实际上是对企业未来的投资。这类费用支出应建立在合理、经济、可行的规划基础上，在具体分析时还应结合各项支出的效果进行评价。

③ 业务性费用。例如，业务招待费、仓库保管费等。这类费用支出的多少与企业生产规模的大小、生产经营业务的开展情况有直接联系，是为生产经营的合理需要而支出的。值得注意的是，业务招待费的实际支出往往会超过规定的限额，且大多有上升的趋势。在具体分析时，应结合相关资料，查明费用的超支，特别是不合理支出的原因。

④ 经营性费用。例如，审计费、咨询费、诉讼费、无形资产及长期待摊费用的摊销金额、坏账准备的提取金额等。其中，审计费、咨询费、诉讼费等费用是企业自身不能完全控制的费用，企业只能事前采取必要的措施，扩大信息面，尽力压缩不必要的开支，妥善处理好与其他有关部门、单位或个人的关系。无形资产及长期待摊费用的摊销、坏账准备的提取金额，受企业会计政策的影响很大。

⑤ 责任性费用。例如，工会经费、待业保险费、劳动保险费及营业税和所得税外的其他税费等。这类费用支出属于企业承担的社会责任，是不可避免或减少的，而且大部分项目的金额不是企业可以控制的。对于这些企业无法控制的费用，分析的重点不是其金额的大小，而是发现企业外部环境的变化，从而纠正对企业保本收入和保利收入的判断。

在企业日常运营中，管理费用的分析是必不可少的一个环节，其目的是找出管理费用的合理性及费用在管理中有待优化的地方。分析管理费用明细表是进行管理费用分析的一个途径，明细表记录了企业一定时期内发生的管理费用及其构成情况，是管理费用分析的基础表。通常管理费用分析为按月进行或按季度进行，定期出具管理费用报告是对管理费用管控的有效手段。

（2）管理费用分析指标

管理费用率是管理费用分析常见指标之一，管理费用率指标高，说明企业的利润被组织、管理性的费用消耗得太多，只有加强管理费用的控制才能提高盈利水平。管理费用率表达式为管理费用率 = 管理费用 / 营业收入 ×100%。

在进行管理费用率分析时，应注意以下两点。第一，因为管理费用中绝大部分属于不变成本，所以随着销售额的增长，管理费用率应呈现下降趋势。第二，一般情况下，管理费用率会因为行业不同而存在较大差异。

### 2. 销售费用分析

（1）销售费用的概念

销售费用是指企业在销售过程中发生的各项费用及专设销售机构的各项经费。销售费用作为一种期间费用，与本期营业收入有较强的相关关系，产生的影响也仅限于本期，所以从本期收入中全额扣除。

① 运输费、装卸费、包装费和保险费。销售过程中的运输费、装卸费、包装费、保险费等是企业在销售产品时为客户提供的附加服务，它虽然耗费企业资源，但对于企业提高客户服务质量却是不可或缺的，通常属于变动成本，与企业销售量呈正相关关系。企业在决定是否降低这部分费用时，一定要慎重考虑它对企业及其产品形象的影响、对市场竞争能力的影响，不能妨碍企业正常的经营与销售。

② 展览费和广告费。展览费和广告费通常是为了宣传和介绍企业的产品用途、性能和使用方法而支出的费用，这两者的金额是否合理较难确定，但可以通过一定的效益比来进行控制。如果举办展览和广告投放后一定时期的销售收入增长额大于展览和广告投入额，则其费用的支出是合理的；如果低于一定的效益比，则应严格控制展览费和广告费支出。企业应该意识到，广告费是一项抵减收入的费用，广告费的大幅增加可能意味着产品利润率的降低，在成熟的市场上，这也意味着可能会增加企业的营业收入，但不能增加（甚至可能会减少）企业的利润。企业应根据产品及服务的特点、目标市场的特点等因素，谨慎制定广告策略，并及时分析广告投入是否有效。

③ 专设销售机构的费用。专设销售机构的费用通常随着企业营业规模的扩大而呈阶梯状上升。专设的销售机构可以使企业更好地开拓不同地区的市场，增加企业在该地区的销售量。但是，相对于委托代理商或分销商的销售方式，专设销售机构的费用是固定的，这就需要企业在当地的销售收入至少高于保本点，保证能够收回该专设销售机构的费用，否则该专设销售机构将成为企业的负担。因此，可以对专设销售机构的费用与该销售机构实现的销售收入、销售利润等指标一起进行本量利分析，以判断其合理性。

（2）销售费用分析指标

① 销售费用与销售回款比。销售回款相比销售收入更能体现企业市场营销团队的工作质量，通过与竞争对手对比销售费用与销售回款的比例，分析企业的销售费用各项支出是否合理，并有助于企业销售队伍和销售模式的持续改进。

② 销售费用—业务招待费占销售回款比。业务招待费取销售费用—业务招待费这一科目金额。若该项指标相比同行业较大，且市场人员人均回款和人均创收较低，应首先应考虑企业的发展阶段和行业地位，其次应考虑企业销售模式、销售团队能力相比竞争对手的差异，最后考虑企业对于业务招待费的预算、考核和内部控制是否存在不足。

③ 销售费用—差旅费占销售回款比。差旅费取销售费用—差旅费这一科目金额。若该项指标相比同行业较大，且市场人员人均回款和人均创收较竞争对手低，应首先考虑企业在对客户攻关的资源分配是否较为分散且缺少重点，其次考虑销售分支机构的分布是否合理，最后考虑企业对于"销售费用—差旅费"的预算、考核和内部控制是否存在不足。

④ 销售费用—广告费占销售回款比。若该项指标相比同行业较大，企业应分析企业的广告投放渠道和受众对象相比竞争对手是否存在较大差距。

⑤ 销售费用率。销售费用率通常体现企业为取得单位收入所花费的单位销售费用，或者销售费用占据了营业收入的多大比例。其表达式为销售费用率=销售费用/营业收入×100%。

有了这个计算公式，我们就可以轻松地看出各行各业的销售费用率指标是多少，从而对所分析的企业就本指标数据高低的合理性进行判断。

### 3. 财务费用分析

（1）财务费用的概念

财务费用是企业为筹集生产经营所需资金等而发生的筹资费用，包括利息支出（减利息收入）、汇兑损失（减汇兑收益）及相关的手续费、企业发生的现金折扣等。但是，财务费用不包括为构建或生产满足资本化条件的资产而发生的应予以资本化的借款利息支出。

对于大多数企业而言，经营期间发生的利息支出构成企业财务费用的主体。财务费用的高低主要取决于借款的规模、利率和期限。借款期限通过利率来影响财务费用，而利率又是不可控因素。如果企业要增加利润，唯一的途径就是压缩借款规模来降低财务费用，但借款规模的缩小是否会限制企业生产经营的持续发展，这是在进行利润表分析时应该考虑的问题。

（2）财务费用分析指标

目前我国企业财务费用负担往往较重，是企业的一个沉重包袱。可以通过财务费用率这个指标的计算，分析企业的财务负担，调整筹资渠道，改善资金结构，提高盈利水平。其表达式为财务费用率=财务费用/营业收入×100%。

对财务费用进行质量分析应当细分内部结构，观察企业财务费用的主要来源。首先，应将财务费用的分析与企业资本结构的分析相结合，观察财务费用的变动是源于短期借款还是长期借款，同时对于借款费用中应当予以资本化的部分是否已经资本化，或者借款费用中应当计入财务费用的企业是否对其进行了资本化；其次，应关注购销业务中发生的现金折扣情况，关注企业应当取得的购货现金折扣是否都已经取得，若是存在大量没有取得的现金折扣，应关注企业现金流是否紧张；最后，如果企业存在外币业务，应关注汇率对企业业务的影响，观察企业对外币业务和债务的管理能力。

## 情境元素

"平等、公正"的社会主义核心价值观

## 思政情境

正确的投资收益观

## 情境链接

客观公正地认识事物，是马克思主义基本的认识观。利息是日常生活中非常常见的概念，货币资金是社会生产过程中不可或缺的要素。作为一种资源，与土地、劳动力、技术等生产要素一样，利用它可以创造出价值。资金借贷是公平的市场交易，其本质是资金使用权的买卖，买卖价格就是利息。利息是资金借贷期内和结束后，债务人向债权人支付的超过本金的部分。当我们收取利息，转让的就是一笔钱在一段时间的使用权；当我们支付利息，取得的就是前一段时间的使用权。因此，资金借贷收支利息是公平的市场交易，贷出资金收取利息是公平合理的行为，借入资金支付利息天经地义。

不管何种投资，其获取的收益归根结底都是企业创造的利润的一部分。在一定生产技术背景下，社会平均利润应该有合理区间，利息也应该有合理估值。明显超出社会平均利润的利息是不切实际、不合常理的，也是不受法律保护的。因此，既不要相信别人极高利息的诱惑，在未来工作中也不要以极高的利息诱惑别人以达到自己的融资目的。这样做只会使自己在财富和信用上遭受损失。

振华服装公司的 2021 年与 2022 年营业利润表如表 8-1 所示。

表 8-1　振华服装公司的营业利润构成情况表　　　　　　单位：千元

| 项　　目 | 2022 年 | 2021 年 | 增减额 | 增减率 /% |
|---|---|---|---|---|
| 营业收入 | 30 000 | 28 500 | 1 500 | 5.26 |
| 减：营业成本 | 25 540 | 24 130 | 1 410 | 5.84 |
| 　　税金及附加 | 100 | 80 | 20 | 25 |
| 　　销售费用 | 580 | 550 | 30 | 5.45 |

续表

| 项　　目 | 2022 年 | 2021 年 | 增减额 | 增减率 /% |
|---|---|---|---|---|
| 管理费用 | 800 | 700 | 100 | 14.29 |
| 财务费用 | 430 | 300 | 130 | 43.33 |
| 加：投资收益 | 200 | 400 | −200 | −50 |
| 营业利润 | 2 750 | 3 140 | −390 | 12.42 |

（1）营业成本及毛利分析

营业成本项目是指反映企业经营主要业务和其他业务发生的实际成本总额。它是与营业收入相关的、已经确定了归属期和归属对象的成本，包括主营业务成本和其他业务成本。在不同类型的企业里，营业成本有不同的表现形式。在工业企业，营业成本表现为已销售产品的生产成本；在商品流通企业，营业成本表现为已销商品成本。

企业的营业收入减去营业成本后的余额为毛利。企业只有先形成毛利，才能形成营业利润。营业成本受到诸多因素的影响，有可控因素，如企业可以选择供货渠道、决定采购批量等；也有不可控因素，如受行业影响、竞争性影响等。同时，企业通过成本核算系统，也可能操控营业成本的高低。因此，对营业成本的质量进行分析和评价时，应考虑多种因素的影响。根据收入与费用配比原则，可以将不同的成本项目与其对应的收入进行比较，来分析每一项目的利润及其变动情况，观察和发现企业在各个环节和部门成本管理中存在的问题。

通过计算发现，振华服装公司的毛利率比较低，为 24%。经分析找到了原因：服装生产行业属于传统制造业，毛利率比较低，行业的平均水平基本是 20%～30%。品牌型服装店、专卖店等，毛利率要高一些，因为它们要承担更高的营销费用。

（2）管理费用分析

对管理费用项目进行分析，要注意以下内容：①要关注业务招待费项目，看其是否超支；②要关注董事会会费、上级管理费等项目，看其开支是否合理，是否存在人为操控利润现象；③控制或降低管理人员工资要谨慎，防止挫败其工作积极性，影响企业发展；④在企业正常发展的条件下，管理费用的变动一般不会太大。

2022 年振华服装公司的管理费用的业务招待费比 2021 年增加了 56 万元，查看管理费用—业务招待费明细账，发现主要是各市场部报销的公关费用增加所致。这个问题应写进财务分析报告。

（3）销售费用分析

从销售费用的功能来分析，有的与企业的业务活动规模有关，如运输费、装卸费、整理费、包装费、保险费、销售佣金、展览费等；有的与企业从事销售活动人员的待遇有关，如营销人员的工资和福利费；有的与企业未来发展、开拓市场、扩大品牌知名度等有关，如广告费。对于管理层来说，以上销售费用有的是不可控的，如保险费；有的是可控的，如营销人员的工资和福利费、广告费等。此外，销售费用与销售收入有密切关系。一般来说，企业的销售收入增加，销售费用也会相应增加；如果销售收入不变，而销售费用增加，则可能是企业产品销售出现了困难。企业为了刺激销售不得不加大投入，或者是销售部门的管理出现了问题。

振华服装公司2021年6月，公司召开了董事会会议。由于经济开始回暖，人们的服装消费开始反弹，会议讨论了增加广告费投入和提高营销人员待遇的问题。广告费主要投向电视媒体，同时女装要加大《都市女报》的广告投入，主要考虑以专栏专访的形式进行。营销人员的销售佣金由原来的2%提高到3%。2021年年底开始，一直到2022年，振华服装公司的销售费用才增长5%。

（4）财务费用分析

企业贷款利息水平的高低主要取决于如下因素：贷款规模、贷款利息率和贷款期限。如果因为贷款规模的原因导致计入利润表的财务费用下降，企业虽然降低了财务风险，但是不能充分获得负债经营的财务杠杆利益，会限制企业的发展。贷款利息率的具体水平主要取决于一定时期的资本市场的供求关系、贷款规模、贷款担保条件、贷款企业的信誉及贷款期限等。在利率的选择上，可以采用固定利率、变动利率或浮动利率等。在不考虑贷款规模和期限的条件下，企业的利息费用将随着贷款利率水平的波动而波动。因此，在对财务费用进行分析时，要排除因贷款利率的变动导致的对财务费用的客观影响。

振华服装公司2022年的财务费用较2021年降低了100多万元。通过查阅财务费用及长期借款和短期借款明细账，了解到2021年12月31日，公司偿还了借款期限为3年，利率为10%的银行借款1 000万元。2022年，公司没有再借入。对于以上财务费用的下降，应该客观分析。一般情况下，企业应该适度利用负债经营，尽管财务风险增加了，但是，一方面，企业可以满足经营及发展的资金需求；另一方面，可以获得财务杠杆利益。

【讨论】如何做好费用管控？

## 任务8.3　实战演练——企业费用分析与洞察

【任务目标】财务大数据分析师对企业的整体费用、管理费用、销售费用，以及财务费用进行分析，对费用的异常项进行洞察与溯源，深度挖掘，查明原因，为后续的经营决策提供数据支持。

【任务实现】

（1）费用整体分析。

（2）管理费用分析。

（3）销售费用分析。

（4）财务费用分析。

【实战演练】

### 1. 费用整体分析

（1）确定分析目标与指标

分析本期的费用结构；对比标杆企业的费用结构；对费用构成进行同比分析；对标杆

企业的费用构成进行同比分析；对费用收入进行纵向分析与横向对比。

（2）指标计算

公司费用结构分析的操作步骤如下。

**步骤一**：进入新道财务大数据的课程平台，单击左侧的【分析设计】→【新建】按钮，弹出"新建故事板"对话框，将其命名为"费用结构分析"，存放在"我的故事板"里，如图 8-1 所示。

图 8-1　新建公司费用结构分析故事板

**步骤二**：新建可视化。单击【可视化】→【新建】按钮，弹出"选择数据集"对话框，依次单击【数据集】→【财务大数据】→【利润表】按钮，再单击【确定】按钮，如图 8-2 所示。

图 8-2　新建可视化

**步骤三**：设置维度与指标。维度为空值，单击【指标】按钮，找到销售费用、管理费用、财务费用，并将其拖动至"指标"右侧，如图 8-3 所示。

图 8-3　维度与指标设置（公司费用结构分析）

**步骤四**：单击【图形】按钮，选择【饼图】，如图 8-4 所示。

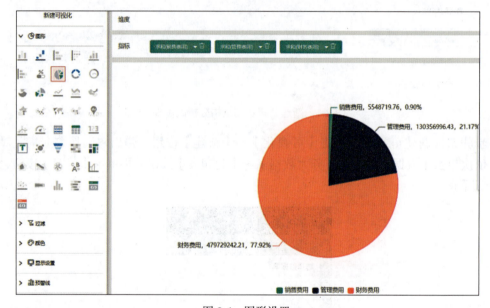

图 8-4　图形设置

**步骤五**：设置过滤条件。单击【过滤】→【设置】按钮，弹出"添加过滤条件"对话框，单击【按条件添加】按钮，如图 8-5 所示。

图 8-5　过渡条件设置

**步骤六**：公司本期费用结构分析完毕，参考此步骤，可以做对标企业公司的费用结构，以及销售费用、管理费用、财务费用三大费用的同比分析，如图 8-6 所示。

【注意】同比分析的操作步骤为单击指标右侧所需分析项目的下拉箭头→高级计算→同比/环比"，弹出"同比/环比设置"对话框，计算增长比率，如图 8-7 所示。

项目 8　企业费用数据分析与洞察

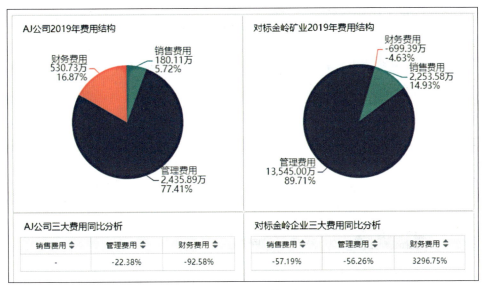

图 8-6　公司费用结构分析

图 8-7　同比分析页面

视频：实操演练费用整体分析

## 2. 管理费用分析

本年度公司的管理费用率为 3.66，远高于行业标准值，那么公司对管理费用的管控是否还有上升的空间，我们需要进一步对公司的管理费用做详细的分析。

195

（1）确定分析目标与指标

要想了解管理费用管控是否还有上升的空间，我们需要掌握管理费用历年趋势，以及管理费用的结构，并对费用构成做详细的分析，洞察费用增减原因，并给出合理建议。

（2）指标计算

管理费用历年趋势分析操作步骤如下。

**步骤一：** 进入财务大数据的课程平台，单击左侧的【分析设计】→【新建】按钮，弹出"新建故事板"对话框，将其命名为"管理费用历年走势"，存放在"我的故事板"里，如图8-8所示。

图8-8　建立管理费用历年趋势分析页面

**步骤二：** 新建可视化。单击【可视化】→【新建】按钮，弹出"选择数据集"对话框，依次单击【数据集】→【财务大数据】→【利润表】按钮，最后再单击【确定】按钮。

**步骤三：** 设置维度与指标。单击【维度】→向下箭头，选择"报表日期"将其拖动至右侧维度区，其他设置同理，如图8-9所示。

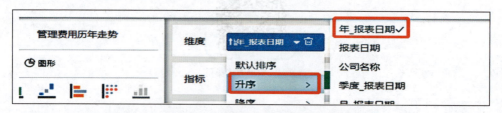

图8-9　维度与指标设置（管理费用历年趋势分析）

**步骤四：** 设置图形。单击【图形】→【折线图】按钮，单击【保存】按钮并退出回到可视化看板，如图8-10所示。

图 8-10 管理费用历年走势可视化看板页面

### 3. 销售费用分析

本年度公司的销售费用率为 0.45，按照管理费用的分析逻辑，我们现在对销售费用进行分析。

（1）确定分析目标与指标

要想了解销售费用管控是否还有上升的空间，我们需要掌握销售费用历年趋势，以及销售费用的结构，并对费用构成做详细的分析，洞察费用增减原因，并给出合理建议。

（2）指标计算

销售费用历年趋势开始分析操作步骤如下。

**步骤一：**新建故事板。进入财务大数据的课程平台，单击左侧的【分析设计】→【新建】按钮，弹出"新建故事板"对话框，将其命名为"销售费用历年趋势"，存放在"我的故事板"里，如图 8-11 所示。

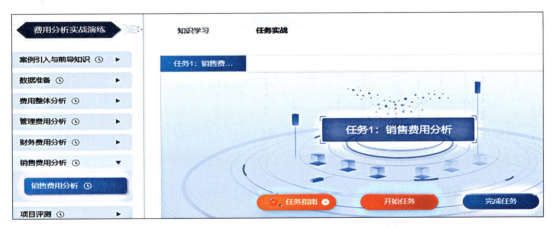

图 8-11 新建故事板页面（销售费用历年趋势分析）

**步骤二：**新建可视化。单击【可视化】→【新建】按钮，弹出"选择数据集"对话框，依次单击【数据集】→【财务大数据】→【利润表】按钮，最后再单击【确定】按钮。

**步骤三：**设置维度与指标。单击【维度】→向下箭头，选择"报表日期"将其拖动至右侧维度区，其他设置同理，如图 8-12 所示。

图 8-12  维度与指标设置（销售费用分析）

**步骤四**：设置图形。单击【图形】→【折线图】按钮，单击【保存】按钮并退出回到可视化看板，如图 8-13 所示。

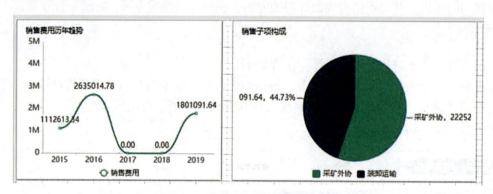

图 8-13  销售费用可视化看板页面

4. 财务费用分析

本年度公司的财务费用率为 -0.04，下面我们就该公司的财务费用进行具体分析。

（1）确定分析目标与指标

了解财务费用的历年趋势及子项目构成，分析财务费用的子项的同比增减，并分析财务费用收入和支出项的结构。

（2）指标计算

费用历年趋势开始分析操作步骤如下。

**步骤一**：新建故事板。进入财务大数据的课程平台，单击左侧的【分析设计】→【新建】，弹出"新建故事板"对话框，将其命名为"财务费用历年趋势"，存放在"我的故事板"里,如图 8-14 所示。

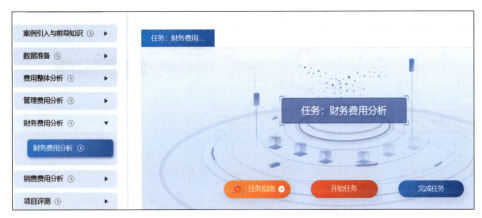

图 8-14 新建故事板页面(财务费用分析)

**步骤二**:新建可视化。单击【可视化】→【新建】按钮,弹出"选择数据集"对话框,依次单击【数据集】→【财务大数据】→【利润表】按钮,最后再单击【确定】按钮,如图 8-15 所示。

图 8-15 选择数据库

**步骤三**:设置维度与指标。单击【维度】→向下箭头,选择"报表日期"将其拖动至右侧维度区,其他设置同理,如图 8-16 所示。

**步骤四**:设置图形。单击【图形】→【折线图】按钮,单击【保存】按钮并退出回到可视化看板,如图 8-17 所示。

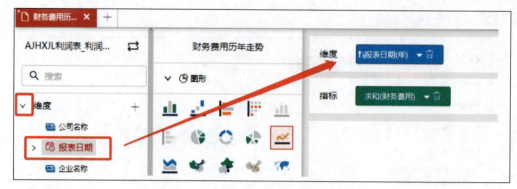

图 8-16　维度与指标设置（财务费用分析）

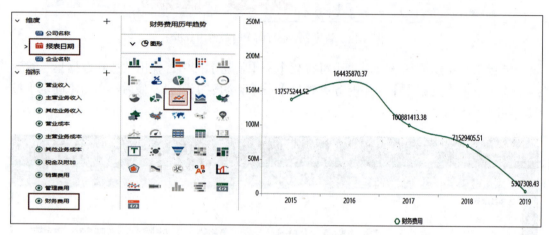

图 8-17　财务费用可视化看板

## 同步练习

1. 销售费用率的计算公式为（　　）。（单选题）
   A. 销售费用/主营业务成本　　B. 销售费用/主营业务收入
   C. 销售费用/资产总额　　　　D. 销售费用/所有者权益
2. 管理费用年末应当结转至（　　）科目。（单选题）
   A. "利润总额"　　　　　　　B. "未分配利润"
   C. "本年利润"　　　　　　　D. "负债合计"
3. 企业发生的与专设销售机构相关的固定资产修理费用等后续支出属于（　　）。（单选题）
   A. 财务费用　　　　　　　　B. 管理费用
   C. 销售费用　　　　　　　　D. 管理费用或销售费用

4. 费用分析的一般方法包括（　　）。（多选题）
   A. 历史对比　　　　　　　　B. 横向对比
   C. 结构百分比　　　　　　　D. 多维度分析
5. 制造费用、销售费用、管理费用、财务费用属于企业的期间费用。（　　）（判断题）

# 参考文献

[1] 姚勇，张艺博．大数据技术应用基础（商科版）[M]．北京：人民邮电出版社，2023．

[2] 聂瑞芳，胡玉姣．财务大数据分析[M]．北京：人民邮电出版社，2022．

[3] 汪刚．财务大数据分析与可视化：基于Power BI 案例应用（微课版）[M]．北京：人民邮电出版社，2021．

[4] 吉姆·林德尔．大数据财务分析入门[M]．2版．北京：中国人民大学出版社，2022．

[5] 牛巍，孟庆娇，李玲玉．财务报告编制与分析[M]．北京：中国人民大学出版社，2023．

[6] 崔连和，黄德海．Python数据分析[M]．北京：中国人民大学出版社，2023．

[7] 盛洁，杨文．财务大数据分析实验教程[M]．南京：南京大学出版社，2022．

[8] 叶龙．商业大数据分析[M]．武汉：华中科技大学出版社，2021．

[9] 刘春燕，司晓梅．大数据导论[M]．武汉：华中科技大学出版社，2021．

[10] 陈娟．财务大数据分析与可视化[M]．北京：机械工业出版社，2023．

[11] 黄源，董明，刘江苏．大数据技术与应用[M]．北京：机械工业出版社，2020．

[12] 李俊翰，聂强．大数据分析技术[M]．北京：机械工业出版社，2022．

[13] 宋士显，单松，麻育胜．Python在财务中的应用[M]．北京：机械工业出版社，2023．

[14] 韩延龄．企业财务会计[M]．北京：机械工业出版社，2021．

[15] 张倩，王霞．财务会计：理论·实务·课程思政案例[M]．上海：上海财经大学出版社，2023．

[16] 陈晓静．大数据与金融[M]．上海：上海财经大学出版社，2023．

[17] 李霞．政府会计实务操作中的关联数据分析[J]．财会通讯，2021（19）：173-176．

[18] 李丽艳．集团企业财务管理信息化建设思路[J]．财会通讯，2016（23）：45-47．

[19] 柳志南，王玉红．数字经济背景下A公司资金管理数字化的应用[J]．财务与会计，2021（17）：29-32．

[20] 彭博，贺晨．"互联网＋销售"有助于改善管理层预测的质量吗——基于上市公司开设电商店铺的数据分析[J]．会计研究，2022（6）：75-89．

[21] 张新民，陈德球．移动互联网时代企业商业模式、价值共创与治理风险——基于瑞幸咖啡财务造假的案例分析[J]．管理世界，2020（5）：11，74-86．

[22] 崔建明．基于业财一体化的企业预算管理系统优化[J]．财会月刊，2018（23）：74-80．

[23] 闫丽娟，陈宋生，田莹莹．贸易信用险保险索赔、盈余管理与异常审计费用——来自保险公司业务数据的证据[J]．财会月刊，2020（3）：93-100．

[24] 郭慧．财务报表分析在工业企业管理中的应用探析[J]．中国总会计师，2023（5）：91-93．

[25] 高院．上市公司偿债能力分析——以京东为例[J]．全国流通经济，2023(14)：181-184．